全国普法学习读本

★　★　★　★　★

U0460886

最新环保节能类法律法规读本

>>>>> 保护水源大气法律法规学习读本 <<<<<

保护大气综合类法律法规

加大全民普法力度，建设社会主义法治文化，树立宪法法律
至上、法律面前人人平等的法治理念。

　　　　——中国共产党第十九次全国代表大会《决胜全面建
成小康社会　夺取新时代中国特色社会主义伟大胜利》

王金锋　主编

图书在版编目（CIP）数据

保护大气综合类法律法规／王金锋主编. -- 汕头：
汕头大学出版社，2023.4（重印）
（保护水源大气法律法规学习读本／王金锋）
ISBN 978-7-5658-3517-9

Ⅰ.①保… Ⅱ.①王… Ⅲ.①大气环境–环境保护法
–中国–学习参考资料 Ⅳ.①D922.683.4

中国版本图书馆 CIP 数据核字（2018）第 035173 号

保护大气综合类法律法规 BAOHU DAQI ZONGHELEI FALÜ FAGUI

主　　编：	王金锋
责任编辑：	邹　峰
责任技编：	黄东生
封面设计：	大华文苑
出版发行：	汕头大学出版社
	广东省汕头市大学路 243 号汕头大学校园内　邮政编码：515063
电　　话：	0754-82904613
印　　刷：	三河市元兴印务有限公司
开　　本：	690mm×960mm 1/16
印　　张：	18
字　　数：	226 千字
版　　次：	2018 年 5 月第 1 版
印　　次：	2023 年 4 月第 2 次印刷
定　　价：	59.60 元（全 2 册）

ISBN 978-7-5658-3517-9

前　言

习近平总书记指出："推进全民守法，必须着力增强全民法治观念。要坚持把全民普法和守法作为依法治国的长期基础性工作，采取有力措施加强法制宣传教育。要坚持法治教育从娃娃抓起，把法治教育纳入国民教育体系和精神文明创建内容，由易到难、循序渐进不断增强青少年的规则意识。要健全公民和组织守法信用记录，完善守法诚信褒奖机制和违法失信行为惩戒机制，形成守法光荣、违法可耻的社会氛围，使遵法守法成为全体人民共同追求和自觉行动。"

中共中央、国务院曾经转发了中央宣传部、司法部关于在公民中开展法治宣传教育的规划，并发出通知，要求各地区各部门结合实际认真贯彻执行。通知指出，全民普法和守法是依法治国的长期基础性工作。深入开展法治宣传教育，是全面建成小康社会和新农村的重要保障。

普法规划指出：各地区各部门要根据实际需要，从不同群体的特点出发，因地制宜开展有特色的法治宣传教育坚持集中法治宣传教育与经常性法治宣传教育相结合，深化法律进机关、进乡村、进社区、进学校、进企业、进单位的"法律六进"主题活动，完善工作标准，建立长效机制。

特别是农业、农村和农民问题，始终是关系党和人民事业发展的全局性和根本性问题。党中央、国务院发布的《关于推进社会主义新农村建设的若干意见》中明确提出要"加强农村法制建设，深入开展农村普法教育，增强农民的法制观念，提高农民依法行使权利和履行义务的自觉性。"多年普法实践证明，普及法律知识，提高法制观念，增强全社会依法办事意识具有重要作用。特别是在广大农村进行普法教育，是提高全民法律素质的需要。

多年来，我国在农村实行的改革开放取得了极大成功，农村发生了翻天覆地的变化，广大农民生活水平大大得到了提高。但是，由于历史和社会等原因，现阶段我国一些地区农民文化素质还不高，不学法、不懂法、不守法现象虽然较原来有所改变，但仍有相当一部分群众的法制观念仍很淡化，不懂、不愿借助法律来保护自身权益，这就极易受到不法的侵害，或极易进行违法犯罪活动，严重阻碍了全面建成小康社会和新农村步伐。

为此，根据党和政府的指示精神以及普法规划，特别是根据广大农村农民的现状，在有关部门和专家的指导下，特别编辑了这套《全国普法学习读本》。主要包括了广大人民群众应知应懂、实际实用的法律法规。为了辅导学习，附录还收入了相应法律法规的条例准则、实施细则、解读解答、案例分析等；同时为了突出法律法规的实际实用特点，兼顾地方性和特殊性，附录还收入了部分某些地方性法律法规以及非法律法规的政策文件、管理制度、应用表格等内容，拓展了本书的知识范围，使法律法规更"接地气"，便于读者学习掌握和实际应用。

在众多法律法规中，我们通过甄别，淘汰了废止的，精选了最新的、权威的和全面的。但有部分法律法规有些条款不适应当下情况了，却没有颁布新的，我们又不能擅自改动，只得保留原有条款，但附录却有相应的补充修改意见或通知等。众多法律法规根据不同内容和受众特点，经过归类组合，优化配套。整套普法读本非常全面系统，具有很强的学习性、实用性和指导性，非常适合用于广大农村和城乡普法学习教育与实践指导。总之，是全国全民普法的良好读本。

目　录

中华人民共和国大气污染防治法

排污费征收使用管理条例

附 录

中华人民共和国大气污染防治法

中华人民共和国主席令

第三十一号

《中华人民共和国大气污染防治法》已由中华人民共和国第十二届全国人民代表大会常务委员会第十六次会议于 2015 年 8 月 29 日修订通过，现将修订后的《中华人民共和国大气污染防治法》公布，自 2016 年 1 月 1 日起施行。

中华人民共和国主席　习近平

2015 年 08 月 29 日

(1987 年 9 月 5 日第六届全国人民代表大会常务委员会第二十二次会议通过；根据 1995 年 8 月 29 日第八届全国人民代表大会常务委员会第十五次会议

《关于修改〈中华人民共和国大气污染防治法〉的决定》修正；根据 2000 年 4 月 29 日第九届全国人民代表大会常务委员会第十五次会议第一次修订；根据 2015 年 8 月 29 日第十二届全国人民代表大会常务委员会第十六次会议第二次修订)

第一章 总 则

第一条 为保护和改善环境，防治大气污染，保障公众健康，推进生态文明建设，促进经济社会可持续发展，制定本法。

第二条 防治大气污染，应当以改善大气环境质量为目标，坚持源头治理，规划先行，转变经济发展方式，优化产业结构和布局，调整能源结构。

防治大气污染，应当加强对燃煤、工业、机动车船、扬尘、农业等大气污染的综合防治，推行区域大气污染联合防治，对颗粒物、二氧化硫、氮氧化物、挥发性有机物、氨等大气污染物和温室气体实施协同控制。

第三条 县级以上人民政府应当将大气污染防治工作纳入国民经济和社会发展规划，加大对大气污染防治的财政投入。

地方各级人民政府应当对本行政区域的大气环境质量负责，制定规划，采取措施，控制或者逐步削减大气污染物的排放量，使大气环境质量达到规定标准并逐步改善。

第四条　国务院环境保护主管部门会同国务院有关部门，按照国务院的规定，对省、自治区、直辖市大气环境质量改善目标、大气污染防治重点任务完成情况进行考核。省、自治区、直辖市人民政府制定考核办法，对本行政区域内地方大气环境质量改善目标、大气污染防治重点任务完成情况实施考核。考核结果应当向社会公开。

第五条　县级以上人民政府环境保护主管部门对大气污染防治实施统一监督管理。

县级以上人民政府其他有关部门在各自职责范围内对大气污染防治实施监督管理。

第六条　国家鼓励和支持大气污染防治科学技术研究，开展对大气污染来源及其变化趋势的分析，推广先进适用的大气污染防治技术和装备，促进科技成果转化，发挥科学技术在大气污染防治中的支撑作用。

第七条　企业事业单位和其他生产经营者应当采取有效措施，防止、减少大气污染，对所造成的损害依法承担责任。

公民应当增强大气环境保护意识，采取低碳、节俭的生活方式，自觉履行大气环境保护义务。

第二章　大气污染防治标准和限期达标规划

第八条　国务院环境保护主管部门或者省、自治区、直辖市人民政府制定大气环境质量标准，应当以保障公众健康和保护生态环境为宗旨，与经济社会发展相适应，做到科学合理。

第九条 国务院环境保护主管部门或者省、自治区、直辖市人民政府制定大气污染物排放标准，应当以大气环境质量标准和国家经济、技术条件为依据。

第十条 制定大气环境质量标准、大气污染物排放标准，应当组织专家进行审查和论证，并征求有关部门、行业协会、企业事业单位和公众等方面的意见。

第十一条 省级以上人民政府环境保护主管部门应当在其网站上公布大气环境质量标准、大气污染物排放标准，供公众免费查阅、下载。

第十二条 大气环境质量标准、大气污染物排放标准的执行情况应当定期进行评估，根据评估结果对标准适时进行修订。

第十三条 制定燃煤、石油焦、生物质燃料、涂料等含挥发性有机物的产品、烟花爆竹以及锅炉等产品的质量标准，应当明确大气环境保护要求。

制定燃油质量标准，应当符合国家大气污染物控制要求，并与国家机动车船、非道路移动机械大气污染物排放标准相互衔接，同步实施。

前款所称非道路移动机械，是指装配有发动机的移动机械和可运输工业设备。

第十四条 未达到国家大气环境质量标准城市的人民政府应当及时编制大气环境质量限期达标规划，采取措施，按照国务院或者省级人民政府规定的期限达到大气环境质量标准。

编制城市大气环境质量限期达标规划，应当征求有关行业协会、企业事业单位、专家和公众等方面的意见。

第十五条 城市大气环境质量限期达标规划应当向社会公开。直辖市和设区的市的大气环境质量限期达标规划应当报国务院环境保护主管部门备案。

第十六条 城市人民政府每年在向本级人民代表大会或者其常务委员会报告环境状况和环境保护目标完成情况时，应当报告大气环境质量限期达标规划执行情况，并向社会公开。

第十七条 城市大气环境质量限期达标规划应当根据大气污染防治的要求和经济、技术条件适时进行评估、修订。

第三章 大气污染防治的监督管理

第十八条 企业事业单位和其他生产经营者建设对大气环境有影响的项目，应当依法进行环境影响评价、公开环境影响评价文件；向大气排放污染物的，应当符合大气污染物排放标准，遵守重点大气污染物排放总量控制要求。

第十九条 排放工业废气或者本法第七十八条规定名录中所列有毒有害大气污染物的企业事业单位、集中供热设施的燃煤热源生产运营单位以及其他依法实行排污许可管理的单位，应当取得排污许可证。排污许可的具体办法和实施步骤由国务院规定。

第二十条　企业事业单位和其他生产经营者向大气排放污染物的，应当依照法律法规和国务院环境保护主管部门的规定设置大气污染物排放口。

禁止通过偷排、篡改或者伪造监测数据、以逃避现场检查为目的的临时停产、非紧急情况下开启应急排放通道、不正常运行大气污染防治设施等逃避监管的方式排放大气污染物。

第二十一条　国家对重点大气污染物排放实行总量控制。

重点大气污染物排放总量控制目标，由国务院环境保护主管部门在征求国务院有关部门和各省、自治区、直辖市人民政府意见后，会同国务院经济综合主管部门报国务院批准并下达实施。

省、自治区、直辖市人民政府应当按照国务院下达的总量控制目标，控制或者削减本行政区域的重点大气污染物排放总量。

确定总量控制目标和分解总量控制指标的具体办法，由国务院环境保护主管部门会同国务院有关部门规定。省、自治区、直辖市人民政府可以根据本行政区域大气污染防治的需要，对国家重点大气污染物之外的其他大气污染物排放实行总量控制。

国家逐步推行重点大气污染物排污权交易。

第二十二条　对超过国家重点大气污染物排放总量控制指标或者未完成国家下达的大气环境质量改善目标的地区，

省级以上人民政府环境保护主管部门应当会同有关部门约谈该地区人民政府的主要负责人，并暂停审批该地区新增重点大气污染物排放总量的建设项目环境影响评价文件。约谈情况应当向社会公开。

第二十三条　国务院环境保护主管部门负责制定大气环境质量和大气污染源的监测和评价规范，组织建设与管理全国大气环境质量和大气污染源监测网，组织开展大气环境质量和大气污染源监测，统一发布全国大气环境质量状况信息。

县级以上地方人民政府环境保护主管部门负责组织建设与管理本行政区域大气环境质量和大气污染源监测网，开展大气环境质量和大气污染源监测，统一发布本行政区域大气环境质量状况信息。

第二十四条　企业事业单位和其他生产经营者应当按照国家有关规定和监测规范，对其排放的工业废气和本法第七十八条规定名录中所列有毒有害大气污染物进行监测，并保存原始监测记录。其中，重点排污单位应当安装、使用大气污染物排放自动监测设备，与环境保护主管部门的监控设备联网，保证监测设备正常运行并依法公开排放信息。监测的具体办法和重点排污单位的条件由国务院环境保护主管部门规定。

重点排污单位名录由设区的市级以上地方人民政府环境保护主管部门按照国务院环境保护主管部门的规定，根据本行政区域的大气环境承载力、重点大气污染物排放总量控制指标的要求以及排污单位排放大气污染物的种类、数量和浓度等因素，商有关部门确定，并向社会公布。

第二十五条 重点排污单位应当对自动监测数据的真实性和准确性负责。环境保护主管部门发现重点排污单位的大气污染物排放自动监测设备传输数据异常，应当及时进行调查。

第二十六条 禁止侵占、损毁或者擅自移动、改变大气环境质量监测设施和大气污染物排放自动监测设备。

第二十七条 国家对严重污染大气环境的工艺、设备和产品实行淘汰制度。

国务院经济综合主管部门会同国务院有关部门确定严重污染大气环境的工艺、设备和产品淘汰期限，并纳入国家综合性产业政策目录。

生产者、进口者、销售者或者使用者应当在规定期限内停止生产、进口、销售或者使用列入前款规定目录中的设备和产品。工艺的采用者应当在规定期限内停止采用列入前款规定目录中的工艺。

被淘汰的设备和产品，不得转让给他人使用。

第二十八条 国务院环境保护主管部门会同有关部门，建立和完善大气污染损害评估制度。

第二十九条 环境保护主管部门及其委托的环境监察机构和其他负有大气环境保护监督管理职责的部门，有权通过现场检查监测、自动监测、遥感监测、远红外摄像等方式，对排放大气污染物的企业事业单位和其他生产经营者进行监督检查。被检查者应当如实反映情况，提供必要的资料。实施检查的部门、机构及其工作人员应当为被检查者保守商业秘密。

第三十条 企业事业单位和其他生产经营者违反法律法规规定排放大气污染物，造成或者可能造成严重大气污染，或者有关证据可能灭失或者被隐匿的，县级以上人民政府环境保护主管部门和其他负有大气环境保护监督管理职责的部门，可以对有关设施、设备、物品采取查封、扣押等行政强制措施。

第三十一条 环境保护主管部门和其他负有大气环境保护监督管理职责的部门应当公布举报电话、电子邮箱等，方便公众举报。

环境保护主管部门和其他负有大气环境保护监督管理职责的部门接到举报的，应当及时处理并对举报人的相关信息予以保密；对实名举报的，应当反馈处理结果等情况，查证属实的，处理结果依法向社会公开，并对举报人给予奖励。

举报人举报所在单位的，该单位不得以解除、变更劳动合同或者其他方式对举报人进行打击报复。

第四章　大气污染防治措施

第一节　燃煤和其他能源污染防治

第三十二条 国务院有关部门和地方各级人民政府应当采取措施，调整能源结构，推广清洁能源的生产和使用；优化煤炭使用方式，推广煤炭清洁高效利用，逐步降低煤炭在一次能源消费中的比重，减少煤炭生产、使用、转化过程中的大气污染物排放。

第三十三条 国家推行煤炭洗选加工，降低煤炭的硫分和灰分，限制高硫分、高灰分煤炭的开采。新建煤矿应当同步建设配套的煤炭洗选设施，使煤炭的硫分、灰分含量达到规定标准；已建成的煤矿除所采煤炭属于低硫分、低灰分或者根据已达标排放的燃煤电厂要求不需要洗选的以外，应当限期建成配套的煤炭洗选设施。

禁止开采含放射性和砷等有毒有害物质超过规定标准的煤炭。

第三十四条 国家采取有利于煤炭清洁高效利用的经济、技术政策和措施，鼓励和支持洁净煤技术的开发和推广。

国家鼓励煤矿企业等采用合理、可行的技术措施，对煤层气进行开采利用，对煤矸石进行综合利用。从事煤层气开采利用的，煤层气排放应当符合有关标准规范。

第三十五条 国家禁止进口、销售和燃用不符合质量标准的煤炭，鼓励燃用优质煤炭。

单位存放煤炭、煤矸石、煤渣、煤灰等物料，应当采取防燃措施，防止大气污染。

第三十六条 地方各级人民政府应当采取措施，加强民用散煤的管理，禁止销售不符合民用散煤质量标准的煤炭，鼓励居民燃用优质煤炭和洁净型煤，推广节能环保型炉灶。

第三十七条 石油炼制企业应当按照燃油质量标准生产燃油。

禁止进口、销售和燃用不符合质量标准的石油焦。

第三十八条 城市人民政府可以划定并公布高污染燃料禁燃区，并根据大气环境质量改善要求，逐步扩大高污染燃料禁燃区范围。高污染燃料的目录由国务院环境保护主管部门确定。

在禁燃区内，禁止销售、燃用高污染燃料；禁止新建、扩建燃用高污染燃料的设施，已建成的，应当在城市人民政府规定的期限内改用天然气、页岩气、液化石、油气、电或者其他清洁能源。

第三十九条 城市建设应当统筹规划，在燃煤供热地区，推进热电联产和集中供热。在集中供热管网覆盖地区，禁止新建、扩建分散燃煤供热锅炉；已建成的不能达标排放的燃煤供热锅炉，应当在城市人民政府规定的期限内拆除。

第四十条 县级以上人民政府质量监督部门应当会同环境保护主管部门对锅炉生产、进口、销售和使用环节执行环境保护标准或者要求的情况进行监督检查；不符合环境保护标准或者要求的，不得生产、进口、销售和使用。

第四十一条 燃煤电厂和其他燃煤单位应当采用清洁生产工艺，配套建设除尘、脱硫、脱硝等装置，或者采取技术改造等其他控制大气污染物排放的措施。

国家鼓励燃煤单位采用先进的除尘、脱硫、脱硝、脱汞等大气污染物协同控制的技术和装置，减少大气污染物的排放。

第四十二条 电力调度应当优先安排清洁能源发电上网。

第二节　工业污染防治

第四十三条　钢铁、建材、有色金属、石油、化工等企业生产过程中排放粉尘、硫化物和氮氧化物的，应当采用清洁生产工艺，配套建设除尘、脱硫、脱硝等装置，或者采取技术改造等其他控制大气污染物排放的措施。

第四十四条　生产、进口、销售和使用含挥发性有机物的原材料和产品的，其挥发性有机物含量应当符合质量标准或者要求。

国家鼓励生产、进口、销售和使用低毒、低挥发性有机溶剂。

第四十五条　产生含挥发性有机物废气的生产和服务活动，应当在密闭空间或者设备中进行，并按照规定安装、使用污染防治设施；无法密闭的，应当采取措施减少废气排放。

第四十六条　工业涂装企业应当使用低挥发性有机物含量的涂料，并建立台账，记录生产原料、辅料的使用量、废弃量、去向以及挥发性有机物含量。台账保存期限不得少于三年。

第四十七条　石油、化工以及其他生产和使用有机溶剂的企业，应当采取措施对管道、设备进行日常维护、维修，减少物料泄漏，对泄漏的物料应当及时收集处理。

储油储气库、加油加气站、原油成品油码头、原油成品油运输船舶和油罐车、气罐车等，应当按照国家有关规定安装油气回收装置并保持正常使用。

第四十八条 钢铁、建材、有色金属、石油、化工、制药、矿产开采等企业，应当加强精细化管理，采取集中收集处理等措施，严格控制粉尘和气态污染物的排放。

工业生产企业应当采取密闭、围挡、遮盖、清扫、洒水等措施，减少内部物料的堆存、传输、装卸等环节产生的粉尘和气态污染物的排放。

第四十九条 工业生产、垃圾填埋或者其他活动产生的可燃性气体应当回收利用，不具备回收利用条件的，应当进行污染防治处理。

可燃性气体回收利用装置不能正常作业的，应当及时修复或者更新。在回收利用装置不能正常作业期间确需排放可燃性气体的，应当将排放的可燃性气体充分燃烧或者采取其他控制大气污染物排放的措施，并向当地环境保护主管部门报告，按照要求限期修复或者更新。

第三节 机动车船等污染防治

第五十条 国家倡导低碳、环保出行，根据城市规划合理控制燃油机动车保有量，大力发展城市公共交通，提高公共交通出行比例。

国家采取财政、税收、政府采购等措施推广应用节能环保型和新能源机动车船、非道路移动机械，限制高油耗、高排放机动车船、非道路移动机械的发展，减少化石能源的消耗。

省、自治区、直辖市人民政府可以在条件具备的地区，提前执行国家机动车大气污染物排放标准中相应阶段排放限值，并报国务院环境保护主管部门备案。

城市人民政府应当加强并改善城市交通管理，优化道路设置，保障人行道和非机动车道的连续、畅通。

第五十一条 机动车船、非道路移动机械不得超过标准排放大气污染物。

禁止生产、进口或者销售大气污染物排放超过标准的机动车船、非道路移动机械。

第五十二条 机动车、非道路移动机械生产企业应当对新生产的机动车和非道路移动机械进行排放检验。经检验合格的，方可出厂销售。检验信息应当向社会公开。

省级以上人民政府环境保护主管部门可以通过现场检查、抽样检测等方式，加强对新生产、销售机动车和非道路移动机械大气污染物排放状况的监督检查。工业、质量监督、工商行政管理等有关部门予以配合。

第五十三条 在用机动车应当按照国家或者地方的有关规定，由机动车排放检验机构定期对其进行排放检验。经检验合格的，方可上道路行驶。未经检验合格的，公安机关交通管理部门不得核发安全技术检验合格标志。

县级以上地方人民政府环境保护主管部门可以在机动车集中停放地、维修地对在用机动车的大气污染物排放状况进行监督抽测；在不影响正常通行的情况下，可以通过遥感监测等技术手段对在道路上行驶的机动车的大气污染物排放状况进行监督抽测，公安机关交通管理部门予以配合。

第五十四条　机动车排放检验机构应当依法通过计量认证，使用经依法检定合格的机动车排放检验设备，按照国务院环境保护主管部门制定的规范，对机动车进行排放检验，并与环境保护主管部门联网，实现检验数据实时共享。机动车排放检验机构及其负责人对检验数据的真实性和准确性负责。

环境保护主管部门和认证认可监督管理部门应当对机动车排放检验机构的排放检验情况进行监督检查。

第五十五条　机动车生产、进口企业应当向社会公布其生产、进口机动车车型的排放检验信息、污染控制技术信息和有关维修技术信息。

机动车维修单位应当按照防治大气污染的要求和国家有关技术规范对在用机动车进行维修，使其达到规定的排放标准。交通运输、环境保护主管部门应当依法加强监督管理。

禁止机动车所有人以临时更换机动车污染控制装置等弄虚作假的方式通过机动车排放检验。禁止机动车维修单位提供该类维修服务。禁止破坏机动车车载排放诊断系统。

第五十六条　环境保护主管部门应当会同交通运输、住房城乡建设、农业行政、水行政等有关部门对非道路移动机械的大气污染物排放状况进行监督检查，排放不合格的，不得使用。

第五十七条　国家倡导环保驾驶，鼓励燃油机动车驾驶人在不影响道路通行且需停车三分钟以上的情况下熄灭发动机，减少大气污染物的排放。

第五十八条　国家建立机动车和非道路移动机械环境保护召回制度。

生产、进口企业获知机动车、非道路移动机械排放大气污染物超过标准，属于设计、生产缺陷或者不符合规定的环境保护耐久性要求的，应当召回；未召回的，由国务院质量监督部门会同国务院环境保护主管部门责令其召回。

第五十九条　在用重型柴油车、非道路移动机械未安装污染控制装置或者污染控制装置不符合要求，不能达标排放的，应当加装或者更换符合要求的污染控制装置。

第六十条　在用机动车排放大气污染物超过标准的，应当进行维修；经维修或者采用污染控制技术后，大气污染物排放仍不符合国家在用机动车排放标准的，应当强制报废。其所有人应当将机动车交售给报废机动车回收拆解企业，由报废机动车回收拆解企业按照国家有关规定进行登记、拆解、销毁等处理。

国家鼓励和支持高排放机动车船、非道路移动机械提前报废。

第六十一条　城市人民政府可以根据大气环境质量状况，划定并公布禁止使用高排放非道路移动机械的区域。

第六十二条　船舶检验机构对船舶发动机及有关设备进行排放检验。经检验符合国家排放标准的，船舶方可运营。

第六十三条　内河和江海直达船舶应当使用符合标准的普通柴油。远洋船舶靠港后应当使用符合大气污染物控制要求的船舶用燃油。

新建码头应当规划、设计和建设岸基供电设施；已建成的码头应当逐步实施岸基供电设施改造。船舶靠港后应当优先使用岸电。

第六十四条 国务院交通运输主管部门可以在沿海海域划定船舶大气污染物排放控制区，进入排放控制区的船舶应当符合船舶相关排放要求。

第六十五条 禁止生产、进口、销售不符合标准的机动车船、非道路移动机械用燃料；禁止向汽车和摩托车销售普通柴油以及其他非机动车用燃料；禁止向非道路移动机械、内河和江海直达船舶销售渣油和重油。

第六十六条 发动机油、氮氧化物还原剂、燃料和润滑油添加剂以及其他添加剂的有害物质含量和其他大气环境保护指标，应当符合有关标准的要求，不得损害机动车船污染控制装置效果和耐久性，不得增加新的大气污染物排放。

第六十七条 国家积极推进民用航空器的大气污染防治，鼓励在设计、生产、使用过程中采取有效措施减少大气污染物排放。

民用航空器应当符合国家规定的适航标准中的有关发动机排出物要求。

第四节 扬尘污染防治

第六十八条 地方各级人民政府应当加强对建设施工和运输的管理，保持道路清洁，控制料堆和渣土堆放，扩大绿地、水面、湿地和地面铺装面积，防治扬尘污染。

住房城乡建设、市容环境卫生、交通运输、国土资源等有关部门，应当根据本级人民政府确定的职责，做好扬尘污染防治工作。

第六十九条 建设单位应当将防治扬尘污染的费用列入工程造价，并在施工承包合同中明确施工单位扬尘污染防治责任。施工单位应当制定具体的施工扬尘污染防治实施方案。

从事房屋建筑、市政基础设施建设、河道整治以及建筑物拆除等施工单位，应当向负责监督管理扬尘污染防治的主管部门备案。

施工单位应当在施工工地设置硬质围挡，并采取覆盖、分段作业、择时施工、洒水抑尘、冲洗地面和车辆等有效防尘降尘措施。建筑土方、工程渣土、建筑垃圾应当及时清运；在场地内堆存的，应当采用密闭式防尘网遮盖。工程渣土、建筑垃圾应当进行资源化处理。

施工单位应当在施工工地公示扬尘污染防治措施、负责人、扬尘监督管理主管部门等信息。

暂时不能开工的建设用地，建设单位应当对裸露地面进行覆盖；超过三个月的，应当进行绿化、铺装或者遮盖。

第七十条 运输煤炭、垃圾、渣土、砂石、土方、灰浆等散装、流体物料的车辆应当采取密闭或者其他措施防止物料遗撒造成扬尘污染，并按照规定路线行驶。

装卸物料应当采取密闭或者喷淋等方式防治扬尘污染。

城市人民政府应当加强道路、广场、停车场和其他公共场所的清扫保洁管理，推行清洁动力机械化清扫等低尘作业方式，防治扬尘污染。

第七十一条 市政河道以及河道沿线、公共用地的裸露地面以及其他城镇裸露地面，有关部门应当按照规划组织实施绿化或者透水铺装。

第七十二条 贮存煤炭、煤矸石、煤渣、煤灰、水泥、石灰、石膏、砂土等易产生扬尘的物料应当密闭；不能密闭的，应当设置不低于堆放物高度的严密围挡，并采取有效覆盖措施防治扬尘污染。

码头、矿山、填埋场和消纳场应当实施分区作业，并采取有效措施防治扬尘污染。

第五节　农业和其他污染防治

第七十三条 地方各级人民政府应当推动转变农业生产方式，发展农业循环经济，加大对废弃物综合处理的支持力度，加强对农业生产经营活动排放大气污染物的控制。

第七十四条 农业生产经营者应当改进施肥方式，科学合理施用化肥并按照国家有关规定使用农药，减少氨、挥发性有机物等大气污染物的排放。

禁止在人口集中地区对树木、花草喷洒剧毒、高毒农药。

第七十五条 畜禽养殖场、养殖小区应当及时对污水、畜禽粪便和尸体等进行收集、贮存、清运和无害化处理，防止排放恶臭气体。

第七十六条 各级人民政府及其农业行政等有关部门应

当鼓励和支持采用先进适用技术，对秸秆、落叶等进行肥料化、饲料化、能源化、工业原料化、食用菌基料化等综合利用，加大对秸秆还田、收集一体化农业机械的财政补贴力度。

县级人民政府应当组织建立秸秆收集、贮存、运输和综合利用服务体系，采用财政补贴等措施支持农村集体经济组织、农民专业合作经济组织、企业等开展秸秆收集、贮存、运输和综合利用服务。

第七十七条 省、自治区、直辖市人民政府应当划定区域，禁止露天焚烧秸秆、落叶等产生烟尘污染的物质。

第七十八条 国务院环境保护主管部门应当会同国务院卫生行政部门，根据大气污染物对公众健康和生态环境的危害和影响程度，公布有毒有害大气污染物名录，实行风险管理。

排放前款规定名录中所列有毒有害大气污染物的企业事业单位，应当按照国家有关规定建设环境风险预警体系，对排放口和周边环境进行定期监测，评估环境风险，排查环境安全隐患，并采取有效措施防范环境风险。

第七十九条 向大气排放持久性有机污染物的企业事业单位和其他生产经营者以及废弃物焚烧设施的运营单位，应当按照国家有关规定，采取有利于减少持久性有机污染物排放的技术方法和工艺，配备有效的净化装置，实现达标排放。

第八十条 企业事业单位和其他生产经营者在生产经营

活动中产生恶臭气体的，应当科学选址，设置合理的防护距离，并安装净化装置或者采取其他措施，防止排放恶臭气体。

第八十一条 排放油烟的餐饮服务业经营者应当安装油烟净化设施并保持正常使用，或者采取其他油烟净化措施，使油烟达标排放，并防止对附近居民的正常生活环境造成污染。

禁止在居民住宅楼、未配套设立专用烟道的商住综合楼以及商住综合楼内与居住层相邻的商业楼层内新建、改建、扩建产生油烟、异味、废气的餐饮服务项目。

任何单位和个人不得在当地人民政府禁止的区域内露天烧烤食品或者为露天烧烤食品提供场地。

第八十二条 禁止在人口集中地区和其他依法需要特殊保护的区域内焚烧沥青、油毡、橡胶、塑料、皮革、垃圾以及其他产生有毒有害烟尘和恶臭气体的物质。

禁止生产、销售和燃放不符合质量标准的烟花爆竹。任何单位和个人不得在城市人民政府禁止的时段和区域内燃放烟花爆竹。

第八十三条 国家鼓励和倡导文明、绿色祭祀。

火葬场应当设置除尘等污染防治设施并保持正常使用，防止影响周边环境。

第八十四条 从事服装干洗和机动车维修等服务活动的经营者，应当按照国家有关标准或者要求设置异味和废气处理装置等污染防治设施并保持正常使用，防止影响周边环境。

第八十五条　国家鼓励、支持消耗臭氧层物质替代品的生产和使用，逐步减少直至停止消耗臭氧层物质的生产和使用。

国家对消耗臭氧层物质的生产、使用、进出口实行总量控制和配额管理。具体办法由国务院规定。

第五章　重点区域大气污染联合防治

第八十六条　国家建立重点区域大气污染联防联控机制，统筹协调重点区域内大气污染防治工作。国务院环境保护主管部门根据主体功能区划、区域大气环境质量状况和大气污染传输扩散规律，划定国家大气污染防治重点区域，报国务院批准。

重点区域内有关省、自治区、直辖市人民政府应当确定牵头的地方人民政府，定期召开联席会议，按照统一规划、统一标准、统一监测、统一的防治措施的要求，开展大气污染联合防治，落实大气污染防治目标责任。国务院环境保护主管部门应当加强指导、督促。

省、自治区、直辖市可以参照第一款规定划定本行政区域的大气污染防治重点区域。

第八十七条　国务院环境保护主管部门会同国务院有关部门、国家大气污染防治重点区域内有关省、自治区、直辖市人民政府，根据重点区域经济社会发展和大气环境承载力，制定重点区域大气污染联合防治行动计划，明确控制目标，优化区域经济布局，统筹交通管理，发展清洁能源，提出重点防治任务和措施，促进重点区域大气环境质量改善。

第八十八条 国务院经济综合主管部门会同国务院环境保护主管部门，结合国家大气污染防治重点区域产业发展实际和大气环境质量状况，进一步提高环境保护、能耗、安全、质量等要求。

重点区域内有关省、自治区、直辖市人民政府应当实施更严格的机动车大气污染物排放标准，统一在用机动车检验方法和排放限值，并配套供应合格的车用燃油。

第八十九条 编制可能对国家大气污染防治重点区域的大气环境造成严重污染的有关工业园区、开发区、区域产业和发展等规划，应当依法进行环境影响评价。规划编制机关应当与重点区域内有关省、自治区、直辖市人民政府或者有关部门会商。

重点区域内有关省、自治区、直辖市建设可能对相邻省、自治区、直辖市大气环境质量产生重大影响的项目，应当及时通报有关信息，进行会商。

会商意见及其采纳情况作为环境影响评价文件审查或者审批的重要依据。

第九十条 国家大气污染防治重点区域内新建、改建、扩建用煤项目的，应当实行煤炭的等量或者减量替代。

第九十一条 国务院环境保护主管部门应当组织建立国家大气污染防治重点区域的大气环境质量监测、大气污染源监测等相关信息共享机制，利用监测、模拟以及卫星、航测、遥感等新技术分析重点区域内大气污染来源及其变化趋势，并向社会公开。

第九十二条 国务院环境保护主管部门和国家大气污染防治重点区域内有关省、自治区、直辖市人民政府可以组织有关部门开展联合执法、跨区域执法、交叉执法。

第六章　重污染天气应对

第九十三条 国家建立重污染天气监测预警体系。

国务院环境保护主管部门会同国务院气象主管机构等有关部门、国家大气污染防治重点区域内有关省、自治区、直辖市人民政府，建立重点区域重污染天气监测预警机制，统一预警分级标准。可能发生区域重污染天气的，应当及时向重点区域内有关省、自治区、直辖市人民政府通报。

省、自治区、直辖市、设区的市人民政府环境保护主管部门会同气象主管机构等有关部门建立本行政区域重污染天气监测预警机制。

第九十四条 县级以上地方人民政府应当将重污染天气应对纳入突发事件应急管理体系。

省、自治区、直辖市、设区的市人民政府以及可能发生重污染天气的县级人民政府，应当制定重污染天气应急预案，向上一级人民政府环境保护主管部门备案，并向社会公布。

第九十五条 省、自治区、直辖市、设区的市人民政府环境保护主管部门应当会同气象主管机构建立会商机制，进行大气环境质量预报。可能发生重污染天气的，应当及时向本级人民政府报告。省、自治区、直辖市、设区的市人民政府依据重污染天气预报信息，进行综合研判，确定预警等级并及时发出预警。预警等级根据情况变化及时调整。任何单位和个人不得擅自向社会发布重污染天气预报预警信息。

预警信息发布后，人民政府及其有关部门应当通过电视、广播、网络、短信等途径告知公众采取健康防护措施，指导公众出行和调整其他相关社会活动。

第九十六条 县级以上地方人民政府应当依据重污染天气的预警等级，及时启动应急预案，根据应急需要可以采取责令有关企业停产或者限产、限制部分机动车行驶、禁止燃放烟花爆竹、停止工地土石方作业和建筑物拆除施工、停止露天烧烤、停止幼儿园和学校组织的户外活动、组织开展人工影响天气作业等应急措施。

应急响应结束后，人民政府应当及时开展应急预案实施情况的评估，适时修改完善应急预案。

第九十七条 发生造成大气污染的突发环境事件，人民政府及其有关部门和相关企业事业单位，应当依照《中华人民共和国突发事件应对法》、《中华人民共和国环境保护法》的规定，做好应急处置工作。环境保护主管部门应当及时对突发环境事件产生的大气污染物进行监测，并向社会公布监测信息。

第七章　法律责任

第九十八条　违反本法规定，以拒绝进入现场等方式拒不接受环境保护主管部门及其委托的环境监察机构或者其他负有大气环境保护监督管理职责的部门的监督检查，或者在接受监督检查时弄虚作假的，由县级以上人民政府环境保护主管部门或者其他负有大气环境保护监督管理职责的部门责令改正，处二万元以上二十万元以下的罚款；构成违反治安管理行为的，由公安机关依法予以处罚。

第九十九条　违反本法规定，有下列行为之一的，由县级以上人民政府环境保护主管部门责令改正或者限制生产、停产整治，并处十万元以上一百万元以下的罚款；情节严重的，报经有批准权的人民政府批准，责令停业、关闭：

（一）未依法取得排污许可证排放大气污染物的；

（二）超过大气污染物排放标准或者超过重点大气污染物排放总量控制指标排放大气污染物的；

（三）通过逃避监管的方式排放大气污染物的。

第一百条　违反本法规定，有下列行为之一的，由县级以上人民政府环境保护主管部门责令改正，处二万元以上二十万元以下的罚款；拒不改正的，责令停产整治：

（一）侵占、损毁或者擅自移动、改变大气环境质量监测设施或者大气污染物排放自动监测设备的；

（二）未按照规定对所排放的工业废气和有毒有害大气污

染物进行监测并保存原始监测记录的;

(三)未按照规定安装、使用大气污染物排放自动监测设备或者未按照规定与环境保护主管部门的监控设备联网,并保证监测设备正常运行的;

(四)重点排污单位不公开或者不如实公开自动监测数据的;

(五)未按照规定设置大气污染物排放口的。

第一百零一条 违反本法规定,生产、进口、销售或者使用国家综合性产业政策目录中禁止的设备和产品,采用国家综合性产业政策目录中禁止的工艺,或者将淘汰的设备和产品转让给他人使用的,由县级以上人民政府经济综合主管部门、出入境检验检疫机构按照职责责令改正,没收违法所得,并处货值金额一倍以上三倍以下的罚款;拒不改正的,报经有批准权的人民政府批准,责令停业、关闭。进口行为构成走私的,由海关依法予以处罚。

第一百零二条 违反本法规定,煤矿未按照规定建设配套煤炭洗选设施的,由县级以上人民政府能源主管部门责令改正,处十万元以上一百万元以下的罚款;拒不改正的,报经有批准权的人民政府批准,责令停业、关闭。

违反本法规定,开采含放射性和砷等有毒有害物质超过规定标准的煤炭的,由县级以上人民政府按照国务院规定的权限责令停业、关闭。

第一百零三条 违反本法规定,有下列行为之一的,由县级以上地方人民政府质量监督、工商行政管理部门按照职责责令改正，没收原材料、产品和违法所得，并处货值金额一倍以上三倍以下的罚款：

（一）销售不符合质量标准的煤炭、石油焦的；

（二）生产、销售挥发性有机物含量不符合质量标准或者要求的原材料和产品的；

（三）生产、销售不符合标准的机动车船和非道路移动机械用燃料、发动机油、氮氧化物还原剂、燃料和润滑油添加剂以及其他添加剂的；

（四）在禁燃区内销售高污染燃料的。

第一百零四条 违反本法规定，有下列行为之一的，由出入境检验检疫机构责令改正，没收原材料、产品和违法所得，并处货值金额一倍以上三倍以下的罚款；构成走私的，由海关依法予以处罚：

（一）进口不符合质量标准的煤炭、石油焦的；

（二）进口挥发性有机物含量不符合质量标准或者要求的原材料和产品的；

（三）进口不符合标准的机动车船和非道路移动机械用燃料、发动机油、氮氧化物还原剂、燃料和润滑油添加剂以及其他添加剂的。

第一百零五条 违反本法规定，单位燃用不符合质量标准的煤炭、石油焦的，由县级以上人民政府环境保护主管部门责令改正，处货值金额一倍以上三倍以下的罚款。

第一百零六条 违反本法规定，使用不符合标准或者要求的船舶用燃油的，由海事管理机构、渔业主管部门按照职责处一万元以上十万元以下的罚款。

第一百零七条 违反本法规定，在禁燃区内新建、扩建燃用高污染燃料的设施，或者未按照规定停止燃用高污染燃料，或者在城市集中供热管网覆盖地区新建、扩建分散燃煤供热锅炉，或者未按照规定拆除已建成的不能达标排放的燃煤供热锅炉的，由县级以上地方人民政府环境保护主管部门没收燃用高污染燃料的设施，组织拆除燃煤供热锅炉，并处二万元以上二十万元以下的罚款。

违反本法规定，生产、进口、销售或者使用不符合规定标准或者要求的锅炉，由县级以上人民政府质量监督、环境保护主管部门责令改正，没收违法所得，并处二万元以上二十万元以下的罚款。

第一百零八条 违反本法规定，有下列行为之一的，由县级以上人民政府环境保护主管部门责令改正，处二万元以上二十万元以下的罚款；拒不改正的，责令停产整治：

（一）产生含挥发性有机物废气的生产和服务活动，未在密闭空间或者设备中进行，未按照规定安装、使用污染防治设施，或者未采取减少废气排放措施的；

（二）工业涂装企业未使用低挥发性有机物含量涂料或者未建立、保存台账的；

（三）石油、化工以及其他生产和使用有机溶剂的企业，未采取措施对管道、设备进行日常维护、维修，减少物料泄漏或者对泄漏的物料未及时收集处理的；

（四）储油储气库、加油加气站和油罐车、气罐车等，未按照国家有关规定安装并正常使用油气回收装置的；

（五）钢铁、建材、有色金属、石油、化工、制药、矿产开采等企业，未采取集中收集处理、密闭、围挡、遮盖、清扫、洒水等措施，控制、减少粉尘和气态污染物排放的；

（六）工业生产、垃圾填埋或者其他活动中产生的可燃性气体未回收利用，不具备回收利用条件未进行防治污染处理，或者可燃性气体回收利用装置不能正常作业，未及时修复或者更新的。

第一百零九条 违反本法规定，生产超过污染物排放标准的机动车、非道路移动机械的，由省级以上人民政府环境保护主管部门责令改正，没收违法所得，并处货值金额一倍以上三倍以下的罚款，没收销毁无法达到污染物排放标准的机动车、非道路移动机械；拒不改正的，责令停产整治，并由国务院机动车生产主管部门责令停止生产该车型。

违反本法规定，机动车、非道路移动机械生产企业对发动机、污染控制装置弄虚作假、以次充好，冒充排放检验合格产品出厂销售的，由省级以上人民政府环境保护主管部门责令停产整治，没收违法所得，并处货值金额一倍以上三倍以下的罚款，没收销毁无法达到污染物排放标准的机动车、非道路移动机械，并由国务院机动车生产主管部门责令停止生产该车型。

第一百一十条 违反本法规定，进口、销售超过污染物排放标准的机动车、非道路移动机械的，由县级以上人民政府工商行政管理部门、出入境检验检疫机构按照职责没收违法所得，并处货值金额一倍以上三倍以下的罚款，没收销毁无法达到污染物排放标准的机动车、非道路移动机械；进口行为构成走私的，由海关依法予以处罚。

违反本法规定，销售的机动车、非道路移动机械不符合污染物排放标准的，销售者应当负责修理、更换、退货；给购买者造成损失的，销售者应当赔偿损失。

第一百一十一条 违反本法规定，机动车生产、进口企业未按照规定向社会公布其生产、进口机动车车型的排放检验信息或者污染控制技术信息的，由省级以上人民政府环境保护主管部门责令改正，处五万元以上五十万元以下的罚款。

违反本法规定，机动车生产、进口企业未按照规定向社会公布其生产、进口机动车车型的有关维修技术信息的，由省级以上人民政府交通运输主管部门责令改正，处五万元以上五十万元以下的罚款。

第一百一十二条 违反本法规定，伪造机动车、非道路移动机械排放检验结果或者出具虚假排放检验报告的，由县级以上人民政府环境保护主管部门没收违法所得，并处十万元以上五十万元以下的罚款；情节严重的，由负责资质认定的部门取消其检验资格。

违反本法规定，伪造船舶排放检验结果或者出具虚假排放检验报告的，由海事管理机构依法予以处罚。

违反本法规定，以临时更换机动车污染控制装置等弄虚作假的方式通过机动车排放检验或者破坏机动车车载排放诊断系统的，由县级以上人民政府环境保护主管部门责令改正，对机动车所有人处五千元的罚款；对机动车维修单位处每辆机动车五千元的罚款。

第一百一十三条 违反本法规定，机动车驾驶人驾驶排放检验不合格的机动车上道路行驶的，由公安机关交通管理部门依法予以处罚。

第一百一十四条 违反本法规定，使用排放不合格的非道路移动机械，或者在用重型柴油车、非道路移动机械未按照规定加装、更换污染控制装置的，由县级以上人民政府环境保护等主管部门按照职责责令改正，处五千元的罚款。

违反本法规定，在禁止使用高排放非道路移动机械的区域使用高排放非道路移动机械的，由城市人民政府环境保护等主管部门依法予以处罚。

第一百一十五条 违反本法规定，施工单位有下列行为之一的，由县级以上人民政府住房城乡建设等主管部门按照职责责令改正，处一万元以上十万元以下的罚款；拒不改正的，责令停工整治：

（一）施工工地未设置硬质密闭围挡，或者未采取覆盖、分段作业、择时施工、洒水抑尘、冲洗地面和车辆等有效防尘降尘措施的；

（二）建筑土方、工程渣土、建筑垃圾未及时清运，或者未采用密闭式防尘网遮盖的。

违反本法规定，建设单位未对暂时不能开工的建设用地的裸露地面进行覆盖，或者未对超过三个月不能开工的建设用地的裸露地面进行绿化、铺装或者遮盖的，由县级以上人民政府住房城乡建设等主管部门依照前款规定予以处罚。

第一百一十六条 违反本法规定，运输煤炭、垃圾、渣土、砂石、土方、灰浆等散装、流体物料的车辆，未采取密闭或者其他措施防止物料遗撒的，由县级以上地方人民政府确定的监督管理部门责令改正，处二千元以上二万元以下的罚款；拒不改正的，车辆不得上道路行驶。

第一百一十七条 违反本法规定，有下列行为之一的，由县级以上人民政府环境保护等主管部门按照职责责令改正，处一万元以上十万元以下的罚款；拒不改正的，责令停工整治或者停业整治：

（一）未密闭煤炭、煤矸石、煤渣、煤灰、水泥、石灰、石膏、砂土等易产生扬尘的物料的；

（二）对不能密闭的易产生扬尘的物料，未设置不低于堆放物高度的严密围挡，或者未采取有效覆盖措施防治扬尘污染的；

（三）装卸物料未采取密闭或者喷淋等方式控制扬尘排放的；

（四）存放煤炭、煤矸石、煤渣、煤灰等物料，未采取防燃措施的；

（五）码头、矿山、填埋场和消纳场未采取有效措施防治扬尘污染的；

（六）排放有毒有害大气污染物名录中所列有毒有害大气污染物的企业事业单位，未按照规定建设环境风险预警体系

或者对排放口和周边环境进行定期监测、排查环境安全隐患并采取有效措施防范环境风险的;

(七)向大气排放持久性有机污染物的企业事业单位和其他生产经营者以及废弃物焚烧设施的运营单位,未按照国家有关规定采取有利于减少持久性有机污染物排放的技术方法和工艺,配备净化装置的;

(八)未采取措施防止排放恶臭气体的。

第一百一十八条 违反本法规定,排放油烟的餐饮服务业经营者未安装油烟净化设施、不正常使用油烟净化设施或者未采取其他油烟净化措施,超过排放标准排放油烟的,由县级以上地方人民政府确定的监督管理部门责令改正,处五千元以上五万元以下的罚款;拒不改正的,责令停业整治。

违反本法规定,在居民住宅楼、未配套设立专用烟道的商住综合楼、商住综合楼内与居住层相邻的商业楼层内新建、改建、扩建产生油烟、异味、废气的餐饮服务项目的,由县级以上地方人民政府确定的监督管理部门责令改正;拒不改正的,予以关闭,并处一万元以上十万元以下的罚款。

违反本法规定,在当地人民政府禁止的时段和区域内露天烧烤食品或者为露天烧烤食品提供场地的,由县级以上地方人民政府确定的监督管理部门责令改正,没收烧烤工具和违法所得,并处五百元以上二万元以下的罚款。

第一百一十九条 违反本法规定,在人口集中地区对树木、花草喷洒剧毒、高毒农药,或者露天焚烧秸秆、落叶等产生烟尘污染的物质的，由县级以上地方人民政府确定的监督管理部门责令改正，并可以处五百元以上二千元以下的罚款。

违反本法规定，在人口集中地区和其他依法需要特殊保护的区域内，焚烧沥青、油毡、橡胶、塑料、皮革、垃圾以及其他产生有毒有害烟尘和恶臭气体的物质的，由县级人民政府确定的监督管理部门责令改正，对单位处一万元以上十万元以下的罚款，对个人处五百元以上二千元以下的罚款。

违反本法规定，在城市人民政府禁止的时段和区域内燃放烟花爆竹的，由县级以上地方人民政府确定的监督管理部门依法予以处罚。

第一百二十条 违反本法规定，从事服装干洗和机动车维修等服务活动，未设置异味和废气处理装置等污染防治设施并保持正常使用，影响周边环境的，由县级以上地方人民政府环境保护主管部门责令改正，处二千元以上二万元以下的罚款；拒不改正的，责令停业整治。

第一百二十一条 违反本法规定，擅自向社会发布重污染天气预报预警信息，构成违反治安管理行为的，由公安机关依法予以处罚。

违反本法规定，拒不执行停止工地土石方作业或者建筑物拆除施工等重污染天气应急措施的，由县级以上地方人民政府确定的监督管理部门处一万元以上十万元以下的罚款。

第一百二十二条 违反本法规定，造成大气污染事故的，由县级以上人民政府环境保护主管部门依照本条第二款的规定处以罚款；对直接负责的主管人员和其他直接责任人员可以处上一年度从本企业事业单位取得收入百分之五十以下的罚款。

对造成一般或者较大大气污染事故的，按照污染事故造成直接损失的一倍以上三倍以下计算罚款；对造成重大或者特大大气污染事故的，按照污染事故造成的直接损失的三倍以上五倍以下计算罚款。

第一百二十三条 违反本法规定，企业事业单位和其他生产经营者有下列行为之一，受到罚款处罚，被责令改正，拒不改正的，依法作出处罚决定的行政机关可以自责令改正之日的次日起，按照原处罚数额按日连续处罚：

（一）未依法取得排污许可证排放大气污染物的；

（二）超过大气污染物排放标准或者超过重点大气污染物排放总量控制指标排放大气污染物的；

（三）通过逃避监管的方式排放大气污染物的；

（四）建筑施工或者贮存易产生扬尘的物料未采取有效措施防治扬尘污染的。

第一百二十四条 违反本法规定，对举报人以解除、变更劳动合同或者其他方式打击报复的，应当依照有关法律的规定承担责任。

第一百二十五条 排放大气污染物造成损害的，应当依法承担侵权责任。

第一百二十六条 地方各级人民政府、县级以上人民政府环境保护主管部门和其他负有大气环境保护监督管理职责的部门及其工作人员滥用职权、玩忽职守、徇私舞弊、弄虚作假的，依法给予处分。

第一百二十七条 违反本法规定，构成犯罪的，依法追究刑事责任。

第八章 附 则

第一百二十八条 海洋工程的大气污染防治，依照《中华人民共和国海洋环境保护法》的有关规定执行。

第一百二十九条 本法自 2016 年 1 月 1 日起施行。

附　录

北京市大气污染防治条例

北京市人民代表大会公告

第 3 号

《北京市大气污染防治条例》已由北京市第十四届人民代表大会第 2 次会议于 2014 年 1 月 22 日通过，现予公布，自 2014 年 3 月 1 日起施行。

北京市第十四届人民代表大会

第二次会议主席团

2014 年 1 月 22 日

第一章　总　则

第一条　为了防治大气污染，改善本市大气环境质量，保障人体健康，推进生态文明建设，促进经济、社会可持续发展，根据有关法律、行政法规，结合本市实际情况，制定本条例。

第二条　本条例适用于本市行政区域内大气污染防治。

第三条　大气污染防治坚持以人为本、环境优先、政府主导、全民参与、科学有效、严防严治的原则。

第四条　大气污染防治应当坚持规划先行，转变经济发展方式，优化产业结构和布局，调整能源结构，综合运用法律、经济、科技、行政和宣传教育等措施。

第五条　大气污染防治，应当以降低大气中的细颗粒物浓度为重点，坚持从源头到末端全过程控制污染物排放，严格排放标准，实行污染物排放总量和浓度控制，加快削减排放总量。

第二章　共同防治

第六条　防治大气污染应当建立健全政府主导、区域联动、单位施治、全民参与、社会监督的工作机制。

第七条　市人民政府对本市的大气污染防治工作负总责，区、县人民政府在各自辖区范围内承担相应责任。

第八条　市人民政府应当根据污染防治的要求，建立统一有效、分工明确的监管治理体系，并加强整体统筹协调。

环境保护行政主管部门对大气污染防治实施统一监督管理，有关部门根据各自职责对大气污染防治实施监督管理。

第九条　市和区、县人民政府应当将大气环境保护工作纳入国民经济和社会发展规划，保障大气污染防治工作的财政投入。

第十条　市人民政府应当完善和落实城市总体规划，控制人口规模，优化空间布局，合理配置产业和教育、医疗等公共服务资源，减少生产、生活带来的污染。

第十一条　市人民政府应当鼓励和支持大气污染防治科学技术研究，组织开展大气污染成因和防治对策分析，推广应用先进大气污染防治技术，提高大气环境保护的科学技术水平。

第十二条　各级人民政府应当采取措施推进生态治理，提高绿化覆盖率，扩大水域面积，改善大气环境质量。

第十三条　市人民政府应当根据限期达标的工作目标，制定大气环境质量达标规划和严于国家规定的大气污染控制阶段措施，可以制定严于国家标准的本市大气污染物排放和控制标准，并组织实施。

第十四条　本市禁止新建、扩建高污染工业项目。市人民政府应当定期制定或者修订禁止新建、扩建的高污染工业项目名录、高污染工业行业调整名录和高污染工艺设备淘汰名录，并向社会公布。

第十五条　市和区、县人民政府应当制定和推行有利于防治大气污染的经济政策，引导企业调整能源结构，促进污染企业进行技术改造与产业升级，或者转产、退出。

第十六条　市人民政府应当按照污染者担责和谁污染、谁治理、谁付费的原则，确定并公布排污费征收事项和征收标准。

第十七条　市环境保护行政主管部门应当组织建立监测网络，负责统一组织开展大气环境质量监测，发布大气环境质量信息。

市环境保护行政主管部门所属环境监测机构发布空气质量日报、预报、空气重污染等专业信息。

市气象行政主管部门开展大气污染气象条件规律的研究，所属气象台站配合空气质量预报工作和生活服务指导。

第十八条 环境保护行政主管部门负责确定重点污染源单位名录，并依法向社会公开其向大气排放污染物的监督性监测数据信息。

第十九条 市环境保护行政主管部门及有关部门应当向社会公布因违反大气污染防治相关法律法规而受到相应处罚的企业及其负责人名单，并录入企业信用系统。

第二十条 环境保护行政主管部门应当鼓励和支持公众参与大气污染防治工作，聘请社会监督员，协助监督大气污染防治工作。

第二十一条 市人民政府应当制定空气重污染应急预案并向社会公布。

在大气受到严重污染，发生或者可能发生危害人体健康和安全的紧急情况时，市人民政府应当及时启动应急方案，按照规定程序，通过媒体向社会发布空气重污染的预警信息，并按照预警级别实施相应的应对措施，包括：责令有关企业停产或者限产、限制部分机动车行驶、禁止燃放烟花爆竹、停止工地土石方作业和建筑拆除施工、停止露天烧烤、停止幼儿园和学校户外体育课等。

有关排污单位应当执行本条第二款规定的应对措施。

第二十二条　市人民政府应当完善污染大气环境举报制度，向社会公开举报电话、网址等，明确有关政府部门的受理范围和职责。

有关政府部门在接到举报后，应当依法及时处理，并将处理结果向举报人反馈。

举报内容经查证属实的，有关部门应当给予举报人表彰或者奖励。

第二十三条　各级人民政府应当加强大气环境保护宣传，普及大气环境保护法律法规以及科学知识，提高公众的大气环境保护意识。新闻媒体、居民委员会、村民委员会、学校及社会组织配合政府开展宣传普及，促进形成保护大气环境的社会风气。

各级人民政府对在大气污染防治方面做出显著成绩的单位和个人，给予表彰或者奖励。

第二十四条　市人民政府应当在国家区域联防联控机构领导下，加强与相关省区市的大气污染联防联控工作，建立重大污染事项通报制度，逐步实现重大监测信息和污染防治技术共享，推进区域联防联控与应急联动。

第二十五条　市人民政府应当实行大气环境质量目标责任制和考核评价制度，定期公示考核结果。对市人民政府有关部门和区、县人民政府及其负责人的综合考核评价，应当包含大气环境质量目标完成情况和措施落实情况。

第二十六条　市和区、县人民政府应当每年向本级人民代表大会报告本行政区域的大气环境质量目标和大气污染防治规划的完成情况，并向社会公布。

第二十七条　各单位都有义务采取措施，防治生产建设或者其他活动对大气环境造成的污染。

第二十八条　向大气排放污染物的单位，应当遵守国家和本市规定的大气污染物排放和控制标准，并不得超过核定的重点大气污染物排放总量指标。

第二十九条　向大气排放污染物的单位，应当建立大气环境保护责任制度，明确单位负责人的责任。

第三十条　新建、改建、扩建向大气排放污染物的建设项目，应当进行环境影响评价审批。建设项目未通过环境影响评价的，不得开工建设。

建设单位在编制建设项目环境影响报告书时，应当依法征求有关单位、专家和公众的意见。

第三十一条　建设单位应当保证建设项目配套建设的大气污染防治设施与主体工程同时设计、同时施工、同时投入使用。

建设项目配套建设的大气污染防治设施经环境保护行政主管部门验收合格后，主体工程方可正式投入生产或者使用。

第三十二条　向大气排放污染物的单位，应当保持大气污染防治设施的正常使用。未经环境保护行政主管部门同意，不得擅自拆除或者闲置大气污染防治设施。

第三十三条　向大气排放污染物的单位，应当按照国家和本市有关规定，进行排污申报登记并缴纳排污费。

第三十四条　向大气排放污染物的单位，应当按照国家和本市有关规定设置大气污染物排放口。

除因发生或者可能发生安全生产事故需要通过应急排放通道排放大气污染物外，禁止通过前款规定以外的其他排放通道排放大气污染物。

第三十五条 向大气排放污染物的单位，应当按照规定自行监测大气污染物排放情况，记录监测数据，并按照规定在网站或者其他对外公开场所向社会公开。监测数据的保存时间不得低于五年。

向大气排放污染物的单位，应当按照有关规定设置监测点位和采样监测平台并保持正常使用，接受环境保护行政主管部门或者其他监督管理部门的监督性监测。

第三十六条 列入本市自动监控计划的向大气排放污染物的单位，应当配备大气污染物排放自动监控设备，并纳入环境保护行政主管部门的统一监控系统。

前款规定的向大气排放污染物的单位，负责维护自动监控设备，保持稳定运行和监测数据准确。

第三十七条 可能发生大气污染事故的单位应当制定大气污染事故和突发事件的应急预案，并负责应急处置和事后恢复。

第三十八条 公民负有依法保护大气环境的义务，应当遵守大气污染防治法律法规，树立大气环境保护意识，自觉践行绿色生活方式，减少向大气排放污染物。

第三十九条 公民、法人和其他组织有权要求市和区、县人民政府及其环境保护等有关部门公开大气环境质量、突发大气环境事件，以及相关的行政许可、行政处罚、排污费的征收和使用、污染物排放限期治理情况等信息。

第四十条 公民、法人和其他组织有权向环境保护行政主管部门或者其他有关部门，举报污染大气环境的单位和个人。

公民、法人和其他组织发现市和区、县人民政府及其环境保护行政主管部门或者其他有关部门不依法履行大气环境监督管理职责，可以向其上级人民政府或者监察机关举报。

第三章 重点污染物排放总量控制

第四十一条 本市对重点大气污染物实行排放总量控制，逐步减少污染物排放总量。

第四十二条 全市排放总量控制的目标以及区域、重点行业和重点企业的排放总量，由市环境保护行政主管部门根据国家要求，结合本市经济社会发展水平、环境质量状况、产业结构特点、交通运行状况等提出，报市人民政府批准后实施，并每年向社会公布。

区、县人民政府和重点行业主管部门应当根据本市大气污染物排放总量控制要求，制定年度总量控制计划，并组织落实。

第四十三条 本市对大气污染物实行排污许可证制度。排污许可证的发放范围及具体管理办法由市环境保护行政主管部门制定，报市政府批准后实施。

纳入排污许可证管理的排污单位，应当按照规定向市、区县环境保护行政主管部门申请核发排污许可证，并按照排污许可证载明的污染物种类、排放总量指标等要求排放污染物，逐步减少污染物排放总量。

第四十四条　排污单位的重点大气污染物排放总量由环境保护行政主管部门根据本市大气污染物排放和控制标准、清洁生产水平、重点大气污染物排放总量控制要求、产业布局和结构优化等因素，按照公开、公平、公正的原则核定。

第四十五条　本市在严格控制重点大气污染物排放总量、实行排放总量削减计划的前提下，按照有利于总量减少的原则，可以进行大气污染物排污权交易试点。具体办法由市人民政府制定。

第四十六条　现有排污单位的大气污染物排放总量指标，由环境保护行政主管部门核定取得。

纳入总量控制范围的新建、改建、扩建建设项目，应当在进行环境影响评价审批前取得重点大气污染物排放总量指标，并在环境影响评价文件中说明指标来源。

涉及民生的重点工程，排放总量指标不能满足需要的，经市人民政府同意后可以调剂取得，并向社会公开。

第四十七条　环境保护行政主管部门按照减量替代、总量减少的原则，审批环境影响评价文件。

通过减量替代获得大气污染物排放总量指标的建设项目，在替代的排放量未削减完成前，不得投入试生产，环境保护行政主管部门不予办理建设项目环境保护竣工验收手续。

第四十八条　未完成年度大气污染物排放总量控制任务

的区域、行业，环境保护行政主管部门应当暂停审批该区域或行业内除民生工程以外的、排放该项污染物的建设项目环境影响评价文件；该项目的审批部门不得批准其建设。

第四章　固定污染源污染防治

第四十九条　本市按照循环经济和清洁生产的要求推动生态工业园区建设，通过合理规划工业布局，引导工业企业入驻工业园区。

新建排放大气污染物的工业项目，应当按照环保规定进入工业园区。工业园区目录由市经济信息化行政主管部门会同有关部门制定并公布。

第五十条　本市实施燃煤消耗总量控制。

市发展改革行政主管部门应当会同有关部门制定清洁能源利用发展规划，确定燃煤总量控制目标，并规定实施步骤，逐步削减燃煤总量。

区、县人民政府应当按照燃煤消耗总量控制目标，制定本行政区域削减燃煤和清洁能源改造计划并组织落实。

第五十一条　市人民政府划定并公布高污染燃料禁燃区，并根据空气质量改善要求，规定实施步骤，逐步扩大禁燃区范围。

在禁燃区内，禁止新建、扩建燃烧高污染燃料的设施；现有燃烧煤炭、重油、渣油等高污染燃料的设施，应当在市人民政府规定的期限内停止使用或者改用清洁能源。

第五十二条　本市禁止新建、扩建燃烧煤炭、重油、渣油的设施。

使用煤炭、重油、渣油为燃料的工业锅炉、炉窑、发电机组等设施，应当按照市人民政府规定的期限改用清洁能源。

远郊区、县燃煤供热设施应当在规定期限内实施清洁能源改造。

第五十三条 本市禁止新建、扩建炼油、水泥、炼焦、钢铁、有色金属冶炼、铸造、平板玻璃、陶瓷、沥青防水卷材、人造板、粘土砖等制造加工项目以及非金属矿采选等矿产资源开发项目。

列入前款和本条例第十四条规定名录的项目，市人民政府有关部门不得批准建设；列入调整和淘汰名录的行业、工艺和设备，相关企业应当在规定期限内调整退出。

依照本条第二款的规定，应当退出、关闭、搬迁的现有企业，市经济信息化行政主管部门应当事先向企业公告，听取企业意见。

第五十四条 本市禁止销售不符合标准的散煤及制品。

居民住宅生活用煤应当按照市人民政府的规定，使用符合标准的低硫优质煤。

提供饮食、洗浴、住宿等服务的单位，应当使用天然气、液化石油气、电或者以其他清洁能源为燃料。

第五十五条 市住房城乡建设、规划行政主管部门应当会同有关部门，推进既有建筑节能改造，执行新建建筑强制性节能标准，减少能源消耗和大气污染物排放。

第五十六条 市环境保护行政主管部门应当会同市质量

技术监督部门，制定本市产品挥发性有机物含量限值标准。

在本市生产、销售、使用含挥发性有机物的原材料和产品的，其挥发性有机物含量应当符合本市规定的限值标准。

第五十七条 产生含挥发性有机物废气的生产和服务活动，应当在密闭空间或者设备中进行，并按照规定安装、使用污染防治设施；无法密闭的活动除外。

加油加气站、储油储气库和使用油罐车、气罐车等的单位，应当按照本市规定安装油气回收装置并保持正常使用，并每年向环境保护行政主管部门报送由检测资质机构出具的油气排放检测报告。

第五十八条 工业涂装企业应当按照本市有关规定，使用低挥发性有机物含量涂料，记录生产工艺、设施及污染控制设备的主要操作参数、运行情况，并建立记录生产原料、辅料的使用量、废弃量和去向，及其挥发性有机物含量的台账。台账的保存时间不得低于三年。

第五十九条 石油、化工及其他生产和使用有机溶剂的企业，应当采取措施对管道、设备进行日常维护、维修，减少物料泄漏，并对已经泄漏的物料及时收集处理。

第六十条 饮食服务、服装干洗和机动车维修等项目，应当设置油烟、异味和废气处理装置等污染防治设施并保持正常使用，防止影响周边环境。

在居民住宅楼、未配套设立专用烟道的商住综合楼、商住综合楼内与居住层相邻的商业楼层内，禁止新建、改建、扩建产生油烟、异味、废气的饮食服务、服装干洗和机动车维修等项目。

第六十一条 向大气排放粉尘、有毒有害气体或恶臭气体的单位，应当安装净化装置或者采取其他措施，防止污染周边环境。

第六十二条 任何单位和个人不得进行露天焚烧秸秆、树叶、枯草、垃圾、电子废物、油毡、橡胶、塑料、皮革等向大气排放污染物的行为。

任何单位和个人不得在政府划定的禁止范围内露天烧烤食品或者为露天烧烤食品提供场地。

第五章　机动车和非道路移动机械
排放污染防治

第六十三条 本市根据国家大气环境质量标准和本市大气环境质量目标，对机动车实施数量调控。

本市优化道路设置和管理，减少机动车怠速和低速行驶造成的污染。

第六十四条 环境保护行政主管部门可以委托其所属的机动车排放污染监督监测机构，对机动车和非道路移动机械排放污染防治实施监督管理。

第六十五条 在本市销售机动车和非道路移动机械的生产企业，应当按照规定向市环境保护行政主管部门申报在本市销售的机动车和非道路移动机械排放污染物的数据和防治污染的有关材料。

市环境保护行政主管部门审查数据和材料后，对符合国家和本市规定排放、耗能标准的，纳入可以在本市销售的机动车车型和非道路移动机械目录。

在本市销售的机动车和非道路移动机械，应当符合国家和本市规定的排放标准并在耐久性期限内稳定达标。机动车和非道路移动机械经按照规定检测，因质量原因不能稳定达标排放的，由市环境保护行政主管部门取消其在本市的机动车车型和非道路移动机械目录。

第六十六条　符合本市新车污染物排放标准，或者经国家认可的检测机构检测确认与本市新车污染物排放标准相当的机动车，方可在本市办理注册登记或者转入手续。

第六十七条　在用机动车应当符合本市机动车排放标准，并定期进行排放污染检测；检测合格的，方可进行机动车安全技术检验，核发环保、安全检测合格标志。

进入本市行驶的外埠车辆，应当按照本市规定，进行排放污染检测；检测合格的，方可办理机动车进京手续。

具体检测管理办法由市环境保护行政主管部门会同有关部门制定。

第六十八条　环境保护行政主管部门可以在机动车停放地，对在用机动车排放污染进行检查和检测，并可以在公安机关交通管理部门配合下，对行驶中的机动车排放污染状况进行抽测。

第六十九条　机动车排放污染定期检测，由市环境保护行政主管部门委托的检测机构承担。检测机构应当严格按照规定对机动车排放污染进行检测。

市环境保护行政主管部门应当向社会公布前款规定的检测机构名单。

第七十条 机动车和非道路移动机械所有者或者使用者不得拆除、闲置或者擅自更改排放污染控制装置，并保持装置正常使用。

机动车所有者或者使用者在车载排放诊断系统报警后，应当及时对机动车进行维修，确保车辆达到排放标准。

第七十一条 机动车维修单位应当具备维修资质，按照技术规范对排放不达标的机动车进行维修，确保机动车排放达标。

第七十二条 市人民政府可以根据大气环境质量状况，在一定区域内采取限制机动车行驶的交通管理措施。

第七十三条 本市提倡公民绿色出行，每年开展城市无车日活动。市人民政府应当创造条件方便公众选择公共交通、自行车、步行的出行方式，减少机动车排放污染。

第七十四条 本市提倡环保驾驶。在学校、宾馆、商场、公园、办公场所、社区、医院的周边和停车场等不影响车辆正常行驶的地段，机动车驾驶员在停车三分钟以上时，应当熄灭发动机。

第七十五条 在用非道路移动机械向大气排放污染物，应当符合本市规定的排放标准。

环境保护行政主管部门可以根据大气环境质量状况，划定禁止高排放非道路移动机械使用的区域。

第七十六条 本市按照国家规定对机动车实行强制报废

制度。机动车达到国家规定的使用年限，或者经修理、调整、采用控制技术后仍不符合国家排放标准要求，或者在检测有效期届满后连续三个检测周期内未能取得排放检测合格标志的，应当依法强制报废。

第七十七条 本市加快老旧公交、邮政、环卫、出租等车辆淘汰，鼓励发展小排量、低能耗和新能源车与清洁能源车，加快新能源车与清洁能源车的配套设施建设。

第七十八条 本市鼓励淘汰高排放机动车和非道路移动机械。市环境保护行政主管部门会同市财政、交通、公安、商务、质量技术监督等行政主管部门，根据本市大气环境质量状况和机动车、非道路移动机械排放污染状况，制定高排放在用机动车、非道路移动机械淘汰、治理和限制使用方案，报市人民政府批准后实施。

第七十九条 市环境保护行政主管部门会同市质量技术监督部门制定本市车用燃料标准。本市销售的车用燃料应当达到国家和本市规定的标准，并按照规定添加车用油品清净剂。

第六章 扬尘污染防治

第八十条 进行房屋建筑、市政基础设施施工、河道整治、建筑物拆除、物料运输和堆放、园林绿化等活动，应当采取措施，防止产生扬尘污染。

第八十一条 建设单位应当将防治扬尘污染的费用列入工程造价，并在工程承发包合同中明确施工单位防治扬尘污染的责任。

第八十二条 建设工程施工现场应当根据本市绿色施工的有关规定，采取下列措施：

（一）建设工程开工前，建设单位应当按照标准在施工现场周边设置围挡，施工单位应当对围挡进行维护；

（二）施工单位应当在施工现场出入口公示施工现场负责人、环保监督员、扬尘污染控制措施、举报电话等信息；

（三）施工单位应当对施工现场内主要道路和物料堆放场地进行硬化，对其他场地进行覆盖或者临时绿化，对土方集中堆放并采取覆盖或者固化措施；

（四）气象预报风速达到四级以上时，施工单位应当停止土石方作业、拆除作业及其他可能产生扬尘污染的施工作业；

（五）建设工程施工现场出口处应当设置冲洗车辆设施，按照本市规定安装视频监控系统；施工车辆经除泥、冲洗后方能驶出工地，不得带泥上路行驶；车辆清洗处应当配套设置排水、泥浆沉淀设施；

（六）建设工程施工现场道路及进出口周边一百米以内的道路不得有泥土和建筑垃圾；

（七）道路挖掘施工过程中，施工单位应当及时覆盖破损路面，并采取洒水等措施防治扬尘污染；道路挖掘施工完成后应当及时修复路面；

（八）国家和本市有关施工现场管理的其他规定。

本市将施工单位的施工现场扬尘违法行为，纳入本市施工企业市场行为信用评价系统。

第八十三条　煤炭、水泥、石灰、石膏、砂土等产生扬尘的物料应当密闭贮存；不具备密闭贮存条件的，应当在其周围设置不低于堆放物高度的围挡并有效覆盖，不得产生扬尘。

建筑土方、工程渣土、建筑垃圾应当及时运输到指定场所进行处置；在场地内堆存的，应当有效覆盖。

第八十四条　运输垃圾、渣土、砂石、土方、灰浆等散装、流体物料的，应当依法使用符合条件的车辆，安装卫星定位系统，密闭运输。

第八十五条　建筑垃圾资源化处置场、渣土消纳场、燃煤电厂贮灰场和垃圾填埋场应当实施分区作业，采取措施防治扬尘污染。

第八十六条　市市政市容行政主管部门应当会同市环境保护行政主管部门，制定道路清扫冲洗保洁标准。清扫单位应当严格执行清扫冲洗保洁标准，防治扬尘污染。

第八十七条　裸露地面应当按照下列规定进行绿化或者铺装：

（一）待开发的建设用地，建设单位负责对裸露地面进行覆盖；超过三个月的，应当进行临时绿化或铺装；

（二）市政道路及河道沿线、公共绿地的裸露地面，分别由交通、水务、园林绿化行政主管部门组织按照规划进行绿化或者铺装；

（三）其他裸露地面由使用权人或者管理单位负责进行绿化或者铺装，并采取防尘措施。

农业行政主管部门应当鼓励对裸露农田采取生物覆盖、留茬免耕等措施，防治扬尘污染。

第八十八条 本市严格控制矿产资源开采。在矿产资源开采过程中，应当采取措施防治大气污染。开采后应当进行生态修复。

第八十九条 本市施工工地禁止现场搅拌混凝土。由政府投资的建设工程以及在本市规定区域内的建设工程，禁止现场搅拌砂浆。其他建设工程在施工现场设置砂浆搅拌机的，应当配备降尘防尘装置。

本市禁止新建、扩建混凝土搅拌站；不符合环境治理规划的已建成企业，应当按照市人民政府的规定限期关闭。

第七章 法律责任

第九十条 造成大气污染危害的单位，有责任排除危害，并对直接遭受损失的单位或者个人赔偿损失。

赔偿责任和赔偿金额的纠纷，可以根据当事人的请求，由环境保护行政主管部门调解处理；调解不成的，当事人可以向人民法院起诉。当事人也可以直接向人民法院起诉。

第九十一条 环境保护行政主管部门和其他有关行政主管部门在大气污染防治工作中，有下列行为之一的，由行政监察机关责令改正，对直接负责的主管人员和其他直接责任人员依法给予行政处分；构成犯罪的，依法追究刑事责任：

（一）违法做出行政许可决定的；

（二）接到公民对污染大气环境行为的举报，不依法查处的；

（三）违反本条例规定不公开大气环境相关信息的；

（四）将征收的排污费截留、挤占或者挪作他用的；

（五）有滥用职权、玩忽职守的其他行为的。

第九十二条 违反本条例第二十一条第三款规定，有关排污单位拒不执行市人民政府责令停产、限产决定的，市环境保护行政主管部门可以查封排污设施，处五万元以上五十万元以下罚款；拒不执行停止工地土石方作业、建筑拆除施工或露天烧烤的应对措施的，由城市管理综合执法部门处一万元以上十万元以下罚款。

拒不执行机动车停驶和禁止燃放烟花爆竹的应对措施的，由公安机关依据有关规定予以处罚。

第九十三条 违反本条例第二十八条规定，向大气排放污染物不符合国家或本市大气污染物排放和控制标准的，由环境保护行政主管部门责令限期治理，处一万元以上十万元以下罚款；限期治理期间，由环境保护行政主管部门责令限制排放，不得新建、改建、扩建增加重点大气污染物排放总量的建设项目；逾期未完成治理任务的，由环境保护行政主管部门报经有批准权的人民政府批准，责令停业、关闭。向大气排放污染物超过排放总量指标的，由环境保护行政主管部门责令停止排污，处五万元以上五十万元以下罚款，并将超过排放总量指标的部分在核定下一年度排放总量指标时扣除；拒不停止排污的，可以查封排污设施。

第九十四条 违反本条例第三十条规定，建设项目未依法进行环境影响评价审批，擅自开工建设或者投入生产、使用的，由有审批权的环境保护行政主管部门责令停止建设或者生产、使用，处五万元以上二十万元以下的罚款；拒不停止建设或者生产、使用的，可以查封施工现场或者排污设施。

第九十五条 违反本条例第三十一条规定，需要配套建设的大气污染防治设施未建成、未经验收或者经验收不合格的，主体工程正式投入生产或者使用的，由环境保护行政主管部门责令停止生产或者使用，处一万元以上十万元以下的罚款。

第九十六条 违反本条例第三十二条规定，不正常使用大气污染防治设施，或者未经环境保护行政主管部门批准，擅自拆除、闲置大气污染防治设施的，由环境保护行政主管部门责令停止违法行为，限期改正，处五千元以上五万元以下罚款。

第九十七条 违反本条例第三十三条规定，未按照国家或本市规定进行排污申报登记的，由环境保护行政主管部门责令限期改正，处五千元以上五万元以下罚款。

第九十八条 违反本条例第三十四条规定，未按照规定设置大气污染物排放口或者通过其他排放通道排放大气污染物的，由环境保护行政主管部门责令限期改正，处二万元以上二十万元以下罚款。

第九十九条 违反本条例第三十五条第一款规定，未按照规定公布或者保存监测数据的，由环境保护行政主管部门责令限期改正，处一万元以上十万元以下罚款。

违反本条例第三十五条第二款规定，未按照规定设置监测点位或者采样平台的，由环境保护行政主管部门责令限期改正；逾期不改正的，处一万元以上十万元以下罚款。

第一百条 违反本条例第三十六条规定，未按照规定安装大气污染物排放自动监控设备，或者自动监控设备未稳定运行、数据不准确的，由环境保护行政主管部门责令限期改正，处二万元以上二十万元以下罚款。

第一百零一条 违反本条例第四十三条规定，应当取得而未取得排污许可证排放污染物的，由环境保护行政主管部门责令停止排污，处十万元以上五十万元以下罚款；拒不停止排污的，环境保护行政主管部门可以查封排污设施。未按照排污许可证的规定排放污染物的，由环境保护行政主管部门责令限期改正，处二万元以上二十万元以下罚款。

第一百零二条 违反本条例第四十七条第二款规定，在替代的排放量未削减完成前，建设项目投入试生产的，由环境保护行政主管部门责令停止试生产，处二万元以上二十万元以下罚款。

第一百零三条 违反本条例第五十一条规定，在禁燃区内新建、扩建燃烧高污染燃料的设施的，或者在规定的期限届满后，继续燃用煤炭、重油、渣油等高污染燃料的，由环境保护行政主管部门报同级人民政府责令限期拆除。

第一百零四条 违反本条例第五十二条第一款规定，新建、扩建燃烧煤炭、重油、渣油设施的，由环境保护行政主管部门报同级人民政府责令限期拆除，处二万元以上二十万元以下罚款。

违反本条例第五十二条第二款规定，燃用煤炭、重油、渣油的工业锅炉、炉窑、发电机组等设施未在规定的期限内实施清洁能源改造的，由环境保护行政主管部门报同级人民政府责令限期拆除。

第一百零五条 违反本条例第五十三条第一款、第二款规定的，由经济信息化行政主管部门报同级人民政府关停违法项目。

第一百零六条 违反本条例第五十四条第一款规定，销售不符合标准的散煤及制品的，由质量技术监督行政主管部门责令停止销售，处五千元以上五万元以下罚款。

违反本条例第五十四条第三款规定，不使用清洁能源的，由环境保护行政主管部门责令限期改正，处一万元以上十万元以下罚款。

第一百零七条 违反本条例第五十六条第二款规定，生产、销售含挥发性有机物的原材料和产品不符合本市规定标准的，由质量技术监督部门和工商行政管理部门依照有关法律法规规定予以处罚。

第一百零八条 违反本条例第五十七条第一款规定，未在密闭空间或者设备中进行产生含挥发性有机物废气的生产和服务活动或者未按规定安装并使用污染防治设施的，由环境保护行政主管部门责令停止违法行为，限期改正，处二万元以上十万元以下罚款；情节严重的，处十万元以上三十万元以下罚款。

违反本条例第五十七条第二款规定，未按照本市有关规定安装油气回收装置或者不正常使用的，由环境保护行政主管部门责令限期改正，处二万元以上二十万元以下罚款。

第一百零九条 违反本条例第五十八条规定，未按照规定使用低挥发性有机物含量涂料的，由环境保护行政主管部门责令改正，处二万元以上二十万元以下罚款；未按照要求记录或者保存相关数据和信息、弄虚作假的，由环境保护行政主管部门责令改正，处一万元以上十万元以下罚款。

第一百一十条 违反本条例第五十九条规定，未采取措施减少物料泄漏或者对泄漏的物料未及时收集处理的，由环境保护行政主管部门责令限期改正，处二万元以上二十万元以下罚款。

第一百一十一条 违反本条例第六十条第一款规定，不正常使用油烟、异味和废气处理装置等污染物处理设施的，由环境保护行政主管部门责令限期改正，处五千元以上五万元以下罚款。

第一百一十二条 违反本条例第六十一条规定，未安装净化装置或者采取其他措施防止污染周边环境的，由环境保护行政主管部门责令限期改正，处一万元以上五万元以下罚款。

第一百一十三条 违反本条例第六十二条第一款规定，露天焚烧秸秆、树叶、枯草的，由城市管理综合执法部门责令停止违法行为，可以处二百元以下罚款；露天焚烧垃圾、电子废物、油毡、沥青、橡胶、塑料、皮革的，由城市管理综合执法部门责令停止违法行为，处二千元以上二万元以下罚款。

违反本条例第六十二条第二款规定，在政府划定的禁止范围内露天烧烤食品或者为露天烧烤食品提供场地的，由城市管理综合执法部门责令停止违法行为，没收烧烤工具，处二千元以上二万元以下罚款。

第一百一十四条 违反本条例第六十五条第二款规定，销售未纳入本市目录的机动车和非道路移动机械的，由市环境保护行政主管部门责令停止违法行为，没收违法所得，可以处违法所得一倍以下的罚款。

违反本条例第六十五条第三款规定，销售不符合国家或本市规定标准的机动车和非道路移动机械的，由市环境保护行政主管部门责令停止违法行为，没收违法所得，可以处违法所得一倍以下的罚款；销售的机动车不符合注明的排放标准的，销售者应当负责修理、更换、退货；给购买机动车的消费者造成损失的，销售者应当赔偿损失。

第一百一十五条 违反本条例第六十七条第一款规定，在用机动车排放污染物超过规定排放标准的，由环境保护行政主管部门责令改正，对机动车所有者或者使用者处三百元以上三千元以下罚款；逾期未进行机动车排放污染定期检测的，由环境保护行政主管部门责令改正，每超过一个检测周期处五百元罚款。

第一百一十六条 违反本条例第六十九条第一款规定，检测机构未取得委托擅自进行机动车排放污染定期检测，或者未按照规定进行检测的，由环境保护行政主管部门责令停止违法行为，限期改正，处五千元以上五万元以下罚款；情节严重的，取消承担检测的资格。

第一百一十七条　违反本条例第七十条第一款规定，机动车和非道路移动机械所有者或者使用人拆除、闲置或者擅自更改排放污染控制装置的，由环境保护行政主管部门责令改正，处五千元以上一万元以下罚款。

违反本条例第七十条第二款规定，机动车所有者或者使用者在车载排放诊断系统报警后，未对机动车进行维修，车辆行驶超过二百公里的，由环境保护行政主管部门处三百元罚款。

第一百一十八条　违反本条例第七十二条规定，机动车进入限制行驶区域的，由公安机关交通管理部门责令停止违法行为并依法处罚。

第一百一十九条　违反本条例第七十五条第二款规定，在禁止区域内使用高排放非道路移动机械的，由环境保护行政主管部门责令停止违法行为，处五万元以上十万元以下罚款。

第一百二十条　违反本条例第七十九条规定，销售不符合国家或本市标准的车用燃料的，由工商行政主管部门责令停止销售，没收违法销售的产品，有违法所得的，没收违法所得，处违法销售金额一倍以上三倍以下的罚款；销售的车用油品不符合国家或本市车用油品清净性规定的，由环境保护行政主管部门责令限期改正违法行为，处一万元以上十万元以下罚款；情节严重的，由市商务行政主管部门吊销其经营资质。

第一百二十一条 违反本条例第八十一条规定，未将防治扬尘污染的费用列入工程造价即开工建设的，由住房城乡建设行政主管部门责令停止施工。

第一百二十二条 违反本条例第八十二条第一款规定的，对施工单位或者建设单位，由城市管理综合执法部门责令限期改正，处二千元以上二万元以下罚款；逾期未改正的，责令停工整顿。

第一百二十三条 违反本条例第八十三条规定的，由城市管理综合执法部门责令限期改正，处二千元以上二万元以下罚款；其中，对工业企业，由环境保护行政主管部门责令改正，处二千元以上二万元以下罚款；逾期未改正的，责令停工整顿。

第一百二十四条 违反本条例第八十四条规定的，由城市管理综合执法部门责令改正，处五百元以上三千元以下罚款。

第一百二十五条 违反本条例第八十五条规定的，由城市管理综合执法部门责令限期改正，处二千元以上二万元以下罚款；逾期未改正的，责令停工整顿。

第一百二十六条 违反本条例第八十八条规定，在矿产资源开采过程中未采取措施防治扬尘污染的，由环境保护行政主管部门责令限期改正，处二千元以上二万元以下罚款；逾期未改正的，责令停工整顿。

第一百二十七条 违反本条例第八十九条第一款规定的，由住房城乡建设行政主管部门责令限期改正，处二万元以上二十万元以下罚款；逾期未改正的，责令停工整顿。

违反本条例第八十九条第二款规定，新建、扩建混凝土搅拌站的，由市住房城乡建设行政主管部门责令关闭；不符合环境治理规划的已建成企业在规定期限内未关闭的，由市住房城乡建设行政主管部门关闭，处五万元以上二十万元以下罚款。

第一百二十八条 违反本条例，除第九十二条第二款、第一百零五条、第一百一十八条规定的情形外，受到罚款、没收等行政处罚两次以上的，做出处罚决定的部门可以在上一次罚款金额基础上加一倍进行处罚。

第一百二十九条 违反本条例规定，排放大气污染物，造成严重污染，构成犯罪的，依法追究刑事责任。

环境保护行政主管部门与公安机关应当建立健全大气污染案件行政执法和刑事司法衔接机制，完善案件移送、线索通报等制度。

第八章　附　则

第一百三十条 本条例自 2014 年 3 月 1 日起施行。2000年 12 月 8 日北京市第十一届人民代表大会常务委员会第二十三次会议通过的《北京市实施〈中华人民共和国大气污染防治法〉办法》同时废止。

排污费征收使用管理条例

中华人民共和国国务院令

第 369 号

《排污费征收使用管理条例》已经 2002 年 1 月 30 日国务院第 54 次常务会议通过，现予公布，自 2003 年 7 月 1 日起施行。

总理　朱镕基

2003 年 1 月 2 日

第一章　总　则

第一条　为了加强对排污费征收、使用的管理，制定本条例。

第二条　直接向环境排放污染物的单位和个体工商户

（以下简称排污者），应当依照本条例的规定缴纳排污费。

排污者向城市污水集中处理设施排放污水、缴纳污水处理费用的，不再缴纳排污费。排污者建成工业固体废物贮存或者处置设施、场所并符合环境保护标准，或者其原有工业固体废物贮存或者处置设施、场所经改造符合环境保护标准的，自建成或者改造完成之日起，不再缴纳排污费。

国家积极推进城市污水和垃圾处理产业化。城市污水和垃圾集中处理的收费办法另行制定。

第三条 县级以上人民政府环境保护行政主管部门、财政部门、价格主管部门应当按照各自的职责，加强对排污费征收、使用工作的指导、管理和监督。

第四条 排污费的征收、使用必须严格实行"收支两条线"，征收的排污费一律上缴财政，环境保护执法所需经费列入本部门预算，由本级财政予以保障。

第五条 排污费应当全部专项用于环境污染防治，任何单位和个人不得截留、挤占或者挪作他用。

任何单位和个人对截留、挤占或者挪用排污费的行为，都有权检举、控告和投诉。

第二章　污染物排放种类、
数量的核定

第六条 排污者应当按照国务院环境保护行政主管部门

的规定，向县级以上地方人民政府环境保护行政主管部门申报排放污染物的种类、数量，并提供有关资料。

第七条 县级以上地方人民政府环境保护行政主管部门，应当按照国务院环境保护行政主管部门规定的核定权限对排污者排放污染物的种类、数量进行核定。

装机容量 30 万千瓦以上的电力企业排放二氧化硫的数量，由省、自治区、直辖市人民政府环境保护行政主管部门核定。

污染物排放种类、数量经核定后，由负责污染物排放核定工作的环境保护行政主管部门书面通知排污者。

第八条 排污者对核定的污染物排放种类、数量有异议的，自接到通知之日起 7 日内，可以向发出通知的环境保护行政主管部门申请复核；环境保护行政主管部门应当自接到复核申请之日起 10 日内，作出复核决定。

第九条 负责污染物排放核定工作的环境保护行政主管部门在核定污染物排放种类、数量时，具备监测条件的，按照国务院环境保护行政主管部门规定的监测方法进行核定；不具备监测条件的，按照国务院环境保护行政主管部门规定的物料衡算方法进行核定。

第十条 排污者使用国家规定强制检定的污染物排放自动监控仪器对污染物排放进行监测的，其监测数据作为核定污染物排放种类、数量的依据。

排污者安装的污染物排放自动监控仪器，应当依法定期进行校验。

第三章　排污费的征收

第十一条　国务院价格主管部门、财政部门、环境保护行政主管部门和经济贸易主管部门，根据污染治理产业化发展的需要、污染防治的要求和经济、技术条件以及排污者的承受能力，制定国家排污费征收标准。

国家排污费征收标准中未作规定的，省、自治区、直辖市人民政府可以制定地方排污费征收标准，并报国务院价格主管部门、财政部门、环境保护行政主管部门和经济贸易主管部门备案。

排污费征收标准的修订，实行预告制。

第十二条　排污者应当按照下列规定缴纳排污费：

（一）依照大气污染防治法、海洋环境保护法的规定，向大气、海洋排放污染物的，按照排放污染物的种类、数量缴纳排污费。

（二）依照水污染防治法的规定，向水体排放污染物的，按照排放污染物的种类、数量缴纳排污费；向水体排放污染物超过国家或者地方规定的排放标准的，按照排放污染物的种类、数量加倍缴纳排污费。

（三）依照固体废物污染环境防治法的规定，没有建设工业固体废物贮存或者处置的设施、场所，或者工业固体废物贮存或者处置的设施、场所不符合环境保护标准的，按照排放污染物的种类、数量缴纳排污费；以填埋方式处置危险废物不符合国家有关规定的，按照排放污染物的种类、数量缴纳危险废物排污费。

（四）依照环境噪声污染防治法的规定，产生环境噪声污染超过国家环境噪声标准的，按照排放噪声的超标声级缴纳排污费。

排污者缴纳排污费，不免除其防治污染、赔偿污染损害的责任和法律、行政法规规定的其他责任。

第十三条 负责污染物排放核定工作的环境保护行政主管部门，应当根据排污费征收标准和排污者排放的污染物种类、数量，确定排污者应当缴纳的排污费数额，并予以公告。

第十四条 排污费数额确定后，由负责污染物排放核定工作的环境保护行政主管部门向排污者送达排污费缴纳通知单。

排污者应当自接到排污费缴纳通知单之日起 7 日内，到指定的商业银行缴纳排污费。商业银行应当按照规定的比例将收到的排污费分别解缴中央国库和地方国库。具体办法由国务院财政部门会同国务院环境保护行政主管部门制定。

第十五条 排污者因不可抗力遭受重大经济损失的，可以申请减半缴纳排污费或者免缴排污费。

排污者因未及时采取有效措施，造成环境污染的，不得申请减半缴纳排污费或者免缴排污费。

排污费减缴、免缴的具体办法由国务院财政部门、国务院价格主管部门会同国务院环境保护行政主管部门制定。

第十六条 排污者因有特殊困难不能按期缴纳排污费的，自接到排污费缴纳通知单之日起 7 日内，可以向发出缴费通知单的环境保护行政主管部门申请缓缴排污费；环境保护行政主管部门应当自接到申请之日起 7 日内，作出书面决定；期满未作出决定的，视为同意。

排污费的缓缴期限最长不超过 3 个月。

第十七条 批准减缴、免缴、缓缴排污费的排污者名单由受理申请的环境保护行政主管部门会同同级财政部门、价格主管部门予以公告，公告应当注明批准减缴、免缴、缓缴排污费的主要理由。

第四章 排污费的使用

第十八条 排污费必须纳入财政预算，列入环境保护专项资金进行管理，主要用于下列项目的拨款补助或者贷款贴息：

（一）重点污染源防治；

（二）区域性污染防治；

（三）污染防治新技术、新工艺的开发、示范和应用；

（四）国务院规定的其他污染防治项目。

具体使用办法由国务院财政部门会同国务院环境保护行政主管部门征求其他有关部门意见后制定。

第十九条 县级以上人民政府财政部门、环境保护行政主管部门应当加强对环境保护专项资金使用的管理和监督。

按照本条例第十八条的规定使用环境保护专项资金的单位和个人，必须按照批准的用途使用。

县级以上地方人民政府财政部门和环境保护行政主管部门每季度向本级人民政府、上级财政部门和环境保护行政主管部门报告本行政区域内环境保护专项资金的使用和管理情况。

第二十条　审计机关应当加强对环境保护专项资金使用和管理的审计监督。

第五章　罚　则

第二十一条　排污者未按照规定缴纳排污费的，由县级以上地方人民政府环境保护行政主管部门依据职权责令限期缴纳；逾期拒不缴纳的，处应缴纳排污费数额1倍以上3倍以下的罚款，并报经有批准权的人民政府批准，责令停产停业整顿。

第二十二条　排污者以欺骗手段骗取批准减缴、免缴或者缓缴排污费的，由县级以上地方人民政府环境保护行政主管部门依据职权责令限期补缴应当缴纳的排污费，并处所骗取批准减缴、免缴或者缓缴排污费数额1倍以上3倍以下的罚款。

第二十三条　环境保护专项资金使用者不按照批准的用途使用环境保护专项资金的，由县级以上人民政府环境保护行政主管部门或者财政部门依据职权责令限期改正；逾期不改正的，10 年内不得申请使用环境保护专项资金，并处挪用资金数额 1 倍以上 3 倍以下的罚款。

第二十四条 县级以上地方人民政府环境保护行政主管部门应当征收而未征收或者少征收排污费的，上级环境保护行政主管部门有权责令其限期改正，或者直接责令排污者补缴排污费。

第二十五条 县级以上人民政府环境保护行政主管部门、财政部门、价格主管部门的工作人员有下列行为之一的，依照刑法关于滥用职权罪、玩忽职守罪或者挪用公款罪的规定，依法追究刑事责任；尚不够刑事处罚的，依法给予行政处分：

（一）违反本条例规定批准减缴、免缴、缓缴排污费的；

（二）截留、挤占环境保护专项资金或者将环境保护专项资金挪作他用的；

（三）不按照本条例的规定履行监督管理职责，对违法行为不予查处，造成严重后果的。

第六章 附 则

第二十六条 本条例自 2003 年 7 月 1 日起施行。1982 年 2 月 5 日国务院发布的《征收排污费暂行办法》和 1988 年 7 月 28 日国务院发布的《污染源治理专项基金有偿使用暂行办法》同时废止。

附 录

排污费征收标准管理办法

国家计委 财政部 国家环保总局 国家经贸委令
第 31 号

　　根据国务院《排污费征收使用管理条例》（国务院令字第 369 号），特制定《排污费征收标准管理办法》。现予发布，自 2003 年 7 月 1 日起施行。

国家计委 财政部 国家环保总局 国家经贸委
二〇〇三年二月二十八日

　　第一条　为规范排污费征收标准的管理，根据国务院《排污费征收使用管理条例》（国务院令第 369 号，以下简称《条例》）等有关规定，制定本办法。
　　第二条　直接向环境排放污染物的单位和个体工商户（以下简称"排污者"），必须按照本办法规定，缴纳排污费。
　　第三条　县级以上地方人民政府环境保护行政主管部门

应按下列排污收费项目向排污者征收排污费：

（一）污水排污费。对向水体排放污染物的，按照排放污染物的种类、数量计征污水排污费；超过国家或者地方规定的水污染物排放标准的，按照排放污染物的种类、数量和本办法规定的收费标准计征的收费额加一倍征收超标准排污费。

对向城市污水集中处理设施排放污水、按规定缴纳污水处理费的，不再征收污水排污费。

对城市污水集中处理设施接纳符合国家规定标准的污水，其处理后排放污水的有机污染物（化学需氧量、生化需氧量、总有机碳）、悬浮物和大肠菌群超过国家或地方排放标准的，按上述污染物的种类、数量和本办法规定的收费标准计征的收费额加一倍向城市污水集中处理设施运营单位征收污水排污费，对氨氮、总磷暂不收费。对城市污水集中处理设施达到国家或地方排放标准排放的水，不征收污水排污费。

（二）废气排污费。对向大气排放污染物的，按照排放污染物的种类、数量计征废气排污费。对机动车、飞机、船舶等流动污染源暂不征收废气排污费。

（三）固体废物及危险废物排污费。对没有建成工业固体废物贮存、处置设施或场所，或者工业固体废物贮存、处置设施或场所不符合环境保护标准的，按照排放污染物的种类、数量计征固体废物排污费。对以填埋方式处置危险废物不符合国务院环境保护行政主管部门规定的，按照危险废物的种类、数量计征危险废物排污费。

（四）噪声超标排污费。对环境噪声污染超过国家环境噪声排放标准，且干扰他人正常生活、工作和学习的，按照噪声的超标分贝数计征噪声超标排污费。对机动车、飞机、船舶等流动污染源暂不征收噪声超标排污费。

排污费征收标准及计算办法见附件。

第四条　除《条例》规定的污染物排放种类、数量核定方法外，市（地）级以上环境保护行政主管部门可结合当地实际情况，对餐饮、娱乐等服务行业的小型排污者，采用抽样测算的办法核算排污量，核算办法应当向社会公开，并按本办法规定征收排污费。

第五条　县级以上地方人民政府环境保护行政主管部门应到指定的价格主管部门申领、变更《收费许可证》，使用省、自治区、直辖市财政部门统一印制的行政事业性收费票据。

第六条　县级以上地方人民政府环境保护行政主管部门要严格执行本办法的规定。各级价格主管部门、财政部门要加强对排污费征收行为的监督检查，对违反规定乱收费的，应按照有关法律法规规定进行查处。

第七条　本办法由国家计委会同财政部、国家环保总局、国家经贸委负责解释。

第八条　本办法自 2003 年 7 月 1 日起施行。原国家物价局、财政部《关于发布环保系统行政事业性收费项目及标准的通知》（〔1992〕价费字 178 号）中有关排污收费的规定；国家计委、财政部《关于征收污水排污费的通知》〔计物价（1993）1366 号〕；国家计委、财政部《关于实施按排放水污染物总量征收排污费试点工作的批复》（计价格〔1995〕2090号）；国家环境保护总局、国家计委、财政部、国家经贸委《关于在酸雨控制区和二氧化硫污染控制区开展征收二氧化硫排污费扩大试点的通知》（环发〔1998〕6号）；国家环境保护总局、国家计委、财政部《关于在杭州等三城市实行总量排污收费试点的通知》（环发〔1998〕73号）等，以及地方制定的排污收费标准的规定同时废止。

附件：排污费征收标准及计算方法（略）

汽车排气污染监督管理办法

中华人民共和国环境保护部令

16 号

根据《国务院办公厅关于做好规章清理工作有关问题的通知》（国办发〔2010〕28 号），特公布《关于废止、修改部分环保部门规章和规范性文件的决定》，自公布之日起施行。

中华人民共和国环境保护部

二〇一〇年十二月二十二日

（1990 年 8 月 15 日国家环境保护局、公安部、国家进出口商品检验局、中国人民解放军总后勤部、交通部、中国汽车工业总公司发布；根据 2010 年 12 月 22 日《关于废止、修改部分环保部门规章和规范性文件的决定》修正）

第一章　总　则

第一条　为加强对汽车排气污染的监督管理，防治大气污染，制定本办法。

第二条　一切生产、改装、使用、维修、进口汽车及其发动机的单位和个人，必须执行本办法。

第三条　各级人民政府的环境保护行政主管部门是对汽车排气污染实施统一监督管理的机关，指导、协调各汽车排气污染监督管理部门的工作。

各省、自治区、直辖市及省辖市人民政府的环境保护行政主管部门对其所辖地区汽车生产企业生产的汽车及其发动机产品的排气污染实施监督管理。

各级人民政府的公安交通管理部门根据国家环境保护法规对在用 汽车排气污染实施具体的监督管理。

国家进出口商品检验部门及其设在各地的商检机构根据国家环境保护法规对进口汽车排气污染 实施具体的监督管理。

军队车辆管理部门根据国家环境保护法规对军用车辆排气污染实施具体的监督管理。

第四条　各级人民政府的有关部门应将汽车排气污染防治工作纳入国民经济和社会发展计划，加强汽车排气污染防治的科学研究，采取措施控制汽车排气污染，保护大气环境。

第五条　各级人民政府的汽车生产主管部门必须采取技术措施，将汽车及其发动机排放指标纳入产品质量指标，保证汽车及其发动机产品稳定达到国家规定的排放标准。

第六条　各级人民政府的汽车维修主管部门，必须采取有效技术措施，将排放指标纳入汽车维修质量标准，保证汽车及其发动机的维修质量稳定地达到国家规定的排放标准。

第七条　对控制汽车排气污染有贡献的单位或个人，应给予表彰、奖励。

第二章　汽车及其发动机产品的监督管理

第八条　汽车及其发动机产品生产主管部门对出厂汽车及发动机产品的排气污染，实施行业监督管理。

第九条　汽车及其发动机产品生产主管部门必须将汽车及其发动机产品排气污染指标纳入产品质量指标。汽车及其发动机生产企业必须具备出厂检验所必需的排气污染检测手段，其质量检验单位应按标准要求对出厂产品严格检验，达不到国家规定的排放标准的产品不得出厂。

第十条　汽车及其发动机新产品（不包括采用已定型的汽车底盘改装的新车）的定型，必须包括排气污染指标，并将有关资料报主管本企业的省、自治区、直辖市及省辖市的环境保护行政主管部门备案。

第十一条　汽车及其发动机产品的排放情况，应由各省、自治区、直辖市环境保护行政主管部门认可的监督检测机构进行抽测，抽测频率每季度不得多于一次，每年不得少于两次。达不到国家规定的排放标准的产品，不得出厂。

第十二条　汽车及其发动机产品达不到或不能稳定达到国家规定的排放标准的企业，应限期稳定达到国家规定的排放标准。

第十三条　国务院有关部门或各省、自治区、直辖市人民政府直接管辖的企业的汽车排气限期稳定达到国家规定的排放标准，由省、自治区、直辖市人民政府环境保护行政主管部门提出意见，报同级人民政府决定。市、县和市、县以下人民政府管辖的企业的汽车排气限期稳定达到国家规定的排放标准，由市、县人民政府的环境保护行政主管部门提出意见，报同级人民政府决定。

第三章　在用汽车的监督管理

第十四条　在用汽车排气污染必须达到国家规定的排放标准。

第十五条　公安交通管理部门必须将汽车排气污染检验纳入初次检验、年度检验及道路行驶抽检内容。初次检验达不到国家规定的排放标准的汽车不发牌证；年检达不到国家规定的排放标准的汽车，不得继续行驶。对抽检的车辆，其排气达不到国家规定的排放标准的，由公安交通管理部门按《中华人民共和国道路交通安全法》有关规定给予处罚。

第十六条　军队和人民武装警察部队车辆管理部门，必须将汽车排气污染检验纳入初次检验、年度检验及抽检内容，初次检验不合格的不发牌证，年检达不到国家规定的排放标准的汽车，不得继续行驶。

第十七条　凡年检排气合格的汽车跨省、市行驶时，所到地区不再进行抽检。

第十八条　排气污染控制装置定型投产前，必须经国家环境保护行政主管部门指定的检测机构认定，并由环境保护行政主管部门实施质量监督。

各级汽车排气污染监督管理部门，不得强制推销汽车排气污染控制装置。

第四章　汽车维修的监督管理

第十九条　汽车维修主管部门，对所维修的汽车排气污染实施行业监督管理。

第二十条　汽车维修主管部门必须将汽车排气污染指标纳入维修质量考核内容。经维修的汽车其排气必须达到国家规定的排放标准。

第二十一条　汽车维修主管部门负责组织制定防治汽车排气污染维修规范和维修质量管理人员的业务培训。

第二十二条　凡从事汽车大修、发动机总成维修的企业，必须具备符合规范的汽车排气污染检测手段，车辆维修后的排气状况必须经过自检合格方可出厂。

第二十三条　凡承担汽车排气污染控制装置的安装、更换和调整等业务的维修企业，必须经汽车维修主管部门审查核发专修许可证，并报当地环境保护行政主管部门备案。

第二十四条　市级以上环境保护行政主管部门对大修竣工、发动机总成大修及车辆排气专修出厂的汽车，进行排气污染抽测，达不到国家规定的排放标准的，不得出厂。

第五章　进口汽车监督管理

第二十五条　各级商检部门对进口汽车实施质量许可制度和法定检验。进口汽车的单位或个人必须遵守商检法规，并根据国家规定的排放标准将其纳入订货合同，排气污染达不到国家规定标准的不得进口。

第二十六条 对未将国家规定的排放标准纳入订货合同的进口汽车的单位或个人，由商检部门按《中华人民共和国进出口商品检验法》和其他法律、法规及有关规定给予处罚。

第六章 汽车排气污染 检测的管理

第二十七条 公安交通管理部门汽车排气检测设备能力不能满足汽车排气年检需要的地方，由环境保护行政主管部门监测机构承担汽车排气年检工作。

第二十八条 市级以上环境保护行政主管部门对保有汽车的单位进行汽车排气污染的不定期抽检。

第二十九条 市级以上环境保护行政主管部门负责汽车排气检测仪器设备的抽检和业务指导。对不符合规范要求的检测单位和个人，环境保护行政主管部门应停止其检测工作，直到合格。

第三十条 承担汽车排气污染检测的单位必须按要求向当地环境保护行政主管部门定期报送检测的统计数据。

第三十一条 汽车排气污染的初检、年检和对汽车生产企业的抽检，按当地物价部门核定的标准收取检测工本费。对汽车排气污染的路检，对汽车保有单位的抽检以及对维修厂维修后汽车的抽检，凡不超标者不收检测费。

第七章 附 则

第三十二条 本办法所指排气污染物，包括发动机排气管废气、曲轴箱泄漏、油箱及燃料系统的燃料蒸发的排放物。

发动机排气管废气污染物排放标准已于 1983 年颁布，按标准规定的日期进行检测。

曲轴箱排放物测量方法及限值标准已于 1989 年颁布，按标准规定的日期进行检测。

油箱及燃油系统燃料蒸发污染物待排放标准颁分后，按标准规定日期进行检测。

第三十三条 本办法同样适用于摩托车排气污染监督管理。

第三十四条 本办法由国家环境保护局负责解释。

第三十五条 本办法自公布之日起施行。

第三十六条 国务院颁布机动车船监督管理办法后，本办法即行废止。

"十三五"控制温室气体排放工作方案

国务院关于印发"十三五"控制

温室气体排放工作方案的通知

国发〔2016〕61号

各省、自治区、直辖市人民政府，国务院各部委、各直属机构：

现将《"十三五"控制温室气体排放工作方案》印发给你们，请认真贯彻执行。

国务院

2016 年 10 月 27 日

为加快推进绿色低碳发展，确保完成"十三五"规划纲要确定的低碳发展目标任务，推动我国二氧化碳排放 2030 年左右达到峰值并争取尽早达峰，特制订本工作方案。

一、总体要求

(一) 指导思想。全面贯彻党的十八大和十八届三中、四中、五中、六中全会精神，紧紧围绕统筹推进"五位一体"总体布局和协调推进"四个全面"战略布局，牢固树立创新、协调、绿色、开放、共享的发展理念，按照党中央、国务院决策部署，统筹国内国际两个大局，顺应绿色低碳发展国际潮流，把低碳发展作为我国经济社会发展的重大战略和生态文明建设的重要途径，采取积极措施，有效控制温室气体排放。加快科技创新和制度创新，健全激励和约束机制，发挥市场配置资源的决定性作用和更好发挥政府作用，加强碳排放和大气污染物排放协同控制，强化低碳引领，推动能源革命和产业革命，推动供给侧结构性改革和消费端转型，推动区域协调发展，深度参与全球气候治理，为促进我国经济社会可持续发展和维护全球生态安全作出新贡献。

（二）主要目标。到 2020 年，单位国内生产总值二氧化碳排放比 2015 年下降 18%，碳排放总量得到有效控制。氢氟碳化物、甲烷、氧化亚氮、全氟化碳、六氟化硫等非二氧化碳温室气体控排力度进一步加大。碳汇能力显著增强。支持优化开发区域碳排放率先达到峰值，力争部分重化工业 2020 年左右实现率先达峰，能源体系、产业体系和消费领域低碳转型取得积极成效。全国碳排放权交易市场启动运行，应对气候变化法律法规和标准体系初步建立，统计核算、评价考核和责任追究制度得到健全，低碳试点示范不断深化，减污减碳协同作用进一步加强，公众低碳意识明显提升。

二、低碳引领能源革命

（一）加强能源碳排放指标控制。实施能源消费总量和强度双控，基本形成以低碳能源满足新增能源需求的能源发展格局。到 2020 年，能源消费总量控制在 50 亿吨标准煤以内，单位国内生产总值能源消费比 2015 年下降 15%，非化石能源比重达到 15%。大型发电集团单位供电二氧化碳排放控制在

550 克二氧化碳/千瓦时以内。

（二）大力推进能源节约。坚持节约优先的能源战略，合理引导能源需求，提升能源利用效率。严格实施节能评估审查，强化节能监察。推动工业、建筑、交通、公共机构等重点领域节能降耗。实施全民节能行动计划，组织开展重点节能工程。健全节能标准体系，加强能源计量监管和服务，实施能效领跑者引领行动。推行合同能源管理，推动节能服务产业健康发展。

（三）加快发展非化石能源。积极有序推进水电开发，安全高效发展核电，稳步发展风电，加快发展太阳能发电，积极发展地热能、生物质能和海洋能。到 2020 年，力争常规水电装机达到 3.4 亿千瓦，风电装机达到 2 亿千瓦，光伏装机达到 1 亿千瓦，核电装机达到 5800 万千瓦，在建容量达到 3000 万千瓦以上。加强智慧能源体系建设，推行节能低碳电力调度，提升非化石能源电力消纳能力。

（四）优化利用化石能源。控制煤炭消费总量，2020 年控制在 42 亿吨左右。推动雾霾严重地区和城市在 2017 年后继续实现煤炭消费负增长。加强煤炭清洁高效利用，大幅削减散煤利用。加快推进居民采暖用煤替代工作，积极推进工业窑炉、采暖锅炉"煤改气"，大力推进天然气、电力替代交通燃油，积极发展天然气发电和分布式能源。在煤基行业和油气开采行业开展碳捕集、利用和封存的规模化产业示范，控制煤化工等行业碳排放。积极开发利用天然气、煤层气、页岩气，加强放空天然气和油田伴生气回收利用，到 2020 年天然气占能源消费总量比重提高到 10% 左右。

三、打造低碳产业体系

（一）加快产业结构调整。将低碳发展作为新常态下经济提质增效的重要动力，推动产业结构转型升级。依法依规有序淘汰落后产能和过剩产能。运用高新技术和先进适用技术改造传统产业，延伸产业链、提高附加值，提升企业低碳竞争力。转变出口模式，严格控制"两高一资"产品出口，着力优化出口结构。加快发展绿色低碳产业，打造绿色低碳供应链。积极发展战略性新兴产业，大力发展服务业，2020 年战略性新兴产业增加值占国内生产总值的比重力争达到 15%，服务业增加值占国内生产总值的比重达到 56%。

（二）控制工业领域排放。2020 年单位工业增加值二氧化碳排放量比 2015 年下降 22%，工业领域二氧化碳排放总量趋于稳定，钢铁、建材等重点行业二氧化碳排放总量得到有效控制。积极推广低碳新工艺、新技术，加强企业能源和碳排放管理体系建设，强化企业碳排放管理，主要高耗能产品单位产品碳排放达到国际先进水平。实施低碳标杆引领计划，推动重点行业企业开展碳排放对标活动。积极控制工业过程温室气体排放，制定实施控制氢氟碳化物排放行动方案，有效控制三氟甲烷，基本实现达标排放，"十三五"期间累计减排二氧化碳当量 11 亿吨以上，逐步减少二氟一氯甲烷受控用途的生产和使用，到 2020 年在基准线水平（2010 年产量）上产量减少 35%。推进工业领域碳捕集、利用和封存试点示范，并做好环境风险评价。

（三）大力发展低碳农业。坚持减缓与适应协同，降低农业领域温室气体排放。实施化肥使用量零增长行动，推广测土配方施肥，减少农田氧化亚氮排放，到 2020 年实现农田氧化亚氮排放达到峰值。控制农田甲烷排放，选育高产低排放良种，改善水分和肥料管理。实施耕地质量保护与提升行动，推广秸秆还田，增施有机肥，加强高标准农田建设。因地制宜建设畜禽养殖场大中型沼气工程。控制畜禽温室气体排放，推进标准化规模养殖，推进畜禽废弃物综合利用，到 2020 年规模化养殖场、养殖小区配套建设废弃物处理设施比例达到75%以上。开展低碳农业试点示范。

（四）增加生态系统碳汇。加快造林绿化步伐，推进国土绿化行动，继续实施天然林保护、退耕还林还草、三北及长江流域防护林体系建设、京津风沙源治理、石漠化综合治理等重点生态工程；全面加强森林经营，实施森林质量精准提升工程，着力增加森林碳汇。强化森林资源保护和灾害防控，减少森林碳排放。到 2020 年，森林覆盖率达到 23.04%，森林蓄积量达到 165 亿立方米。加强湿地保护与恢复，稳定并增强湿地固碳能力。推进退牧还草等草原生态保护建设工程，推行禁牧休牧轮牧和草畜平衡制度，加强草原灾害防治，积极增加草原碳汇，到 2020 年草原综合植被盖度达到 56%。探索开展海洋等生态系统碳汇试点。

四、推动城镇化低碳发展

（一）加强城乡低碳化建设和管理。在城乡规划中落实低碳理念和要求，优化城市功能和空间布局，科学划定城市开发边界，探索集约、智能、绿色、低碳的新型城镇化模式，开展城市碳排放精细化管理，鼓励编制城市低碳发展规划。提高基础设施和建筑质量，防止大拆大建。推进既有建筑节能改造，强化新建建筑节能，推广绿色建筑，到 2020 年城镇绿色建筑占新建建筑比重达到 50%。强化宾馆、办公楼、商场等商业和公共建筑低碳化运营管理。在农村地区推动建筑节能，引导生活用能方式向清洁低碳转变，建设绿色低碳村镇。因地制宜推广余热利用、高效热泵、可再生能源、分布式能源、绿色建材、绿色照明、屋顶墙体绿化等低碳技术。推广绿色施工和住宅产业化建设模式。积极开展绿色生态城区和零碳排放建筑试点示范。

（二）建设低碳交通运输体系。推进现代综合交通运输体系建设，加快发展铁路、水运等低碳运输方式，推动航空、航海、公路运输低碳发展，发展低碳物流，到 2020 年，营运货车、营运客车、营运船舶单位运输周转量二氧化碳排放比 2015 年分别下降 8%、2.6%、7%，城市客运单位客运量二氧化碳排放比 2015 年下降 12.5%。完善公交优先的城市交通运输体系，发展城市轨道交通、智能交通和慢行交通，鼓励绿色出行。鼓励使用节能、清洁能源和新能源运输工具，完善配套基础设施建设，到 2020 年，纯电动汽车和插电式混合动力汽车生产能力达到 200 万辆、累计产销量超过 500 万辆。严格实施乘用车燃料消耗量限值标准，提高重型商用车燃料消耗量限值标准，研究新车碳排放标准。深入实施低碳交通示范工程。

（三）加强废弃物资源化利用和低碳化处置。创新城乡社区生活垃圾处理理念，合理布局便捷回收设施，科学配置社区垃圾收集系统，在有条件的社区设立智能型自动回收机，鼓励资源回收利用企业在社区建立分支机构。建设餐厨垃圾等社区化处理设施，提高垃圾社区化处理率。鼓励垃圾分类和生活用品的回收再利用。推进工业垃圾、建筑垃圾、污水处理厂污泥等废弃物无害化处理和资源化利用，在具备条件的地区鼓励发展垃圾焚烧发电等多种处理利用方式，有效减少全社会的物耗和碳排放。开展垃圾填埋场、污水处理厂甲烷收集利用及与常规污染物协同处理工作。

（四）倡导低碳生活方式。树立绿色低碳的价值观和消费观，弘扬以低碳为荣的社会新风尚。积极践行低碳理念，鼓励使用节能低碳节水产品，反对过度包装。提倡低碳餐饮，推行"光盘行动"，遏制食品浪费。倡导低碳居住，推广普及节水器具。倡导"135"绿色低碳出行方式（1公里以内步行，3公里以内骑自行车，5公里左右乘坐公共交通工具），鼓励购买小排量汽车、节能与新能源汽车。

五、加快区域低碳发展

（一）实施分类指导的碳排放强度控制。综合考虑各省（区、市）发展阶段、资源禀赋、战略定位、生态环保等因素，分类确定省级碳排放控制目标。"十三五"期间，北京、天津、河北、上海、江苏、浙江、山东、广东碳排放强度分别下降20.5%，福建、江西、河南、湖北、重庆、四川分别下降19.5%，山西、辽宁、吉林、安徽、湖南、贵州、云南、陕西分别下降18%，内蒙古、黑龙江、广西、甘肃、宁夏分别下降17%，海南、西藏、青海、新疆分别下降12%。

（二）推动部分区域率先达峰。支持优化开发区域在2020年前实现碳排放率先达峰。鼓励其他区域提出峰值目标，明确达峰路线图，在部分发达省市研究探索开展碳排放总量控制。鼓励"中国达峰先锋城市联盟"城市和其他具备条件的城市加大减排力度，完善政策措施，力争提前完成达峰目标。

（三）创新区域低碳发展试点示范。选择条件成熟的限制开发区域和禁止开发区域、生态功能区、工矿区、城镇等开展近零碳排放区示范工程，到2020年建设50个示范项目。以碳排放峰值和碳排放总量控制为重点，将国家低碳城市试点扩大到100个城市。探索产城融合低碳发展模式，将国家低碳城（镇）试点扩大到30个城（镇）。深化国家低碳工业园区试点，将试点扩大到80个园区，组织创建20个国家低碳产业示范园区。推动开展1000个左右低碳社区试点，组织创建100个国家低碳示范社区。组织开展低碳商业、低碳旅游、低碳企业试点。以投资政策引导、强化金融支持为重点，推动开展气候投融资试点工作。做好各类试点经验总结和推广，形成一批各具特色的低碳发展模式。

（四）支持贫困地区低碳发展。根据区域主体功能，确立不同地区扶贫开发思路。将低碳发展纳入扶贫开发目标任务体系，制定支持贫困地区低碳发展的差别化扶持政策和评价指标体系，形成适合不同地区的差异化低碳发展模式。分片区制定贫困地区产业政策，加快特色产业发展，避免盲目接收高耗能、高污染产业转移。建立扶贫与低碳发展联动工作机制，推动发达地区与贫困地区开展低碳产业和技术协作。推进"低碳扶贫"，倡导企业与贫困村结对开展低碳扶贫活动。鼓励大力开发贫困地区碳减排项目，推动贫困地区碳减排项目进入国内外碳排放权交易市场。改进扶贫资金使用方式和配置模式。

六、建设和运行全国碳排放权交易市场

（一）建立全国碳排放权交易制度。出台《碳排放权交易管理条例》及有关实施细则，各地区、各部门根据职能分工制定有关配套管理办法，完善碳排放权交易法规体系。建立碳排放权交易市场国家和地方两级管理体制，将有关工作责任落实至地市级人民政府，完善部门协作机制，各地区、各部门和中央企业集团根据职责制定具体工作实施方案，明确责任目标，落实专项资金，建立专职工作队伍，完善工作体系。制定覆盖石化、化工、建材、钢铁、有色、造纸、电力和航空等8个工业行业中年能耗1万吨标准煤以上企业的碳排放权总量设定与配额分配方案，实施碳排放配额管控制度。对重点汽车生产企业实行基于新能源汽车生产责任的碳排放配额管理。

（二）启动运行全国碳排放权交易市场。在现有碳排放权交易试点交易机构和温室气体自愿减排交易机构基础上，根据碳排放权交易工作需求统筹确立全国交易机构网络布局，各地区根据国家确定的配额分配方案对本行政区域内重点排放企业开展配额分配。推动区域性碳排放权交易体系向全国碳排放权交易市场顺利过渡，建立碳排放配额市场调节和抵消机制，建立严格的市场风险预警与防控机制，逐步健全交易规则，增加交易品种，探索多元化交易模式，完善企业上线交易条件，2017 年启动全国碳排放权交易市场。到 2020 年力争建成制度完善、交易活跃、监管严格、公开透明的全国碳排放权交易市场，实现稳定、健康、持续发展。

（三）强化全国碳排放权交易基础支撑能力。建设全国碳排放权交易注册登记系统及灾备系统，建立长效、稳定的注册登记系统管理机制。构建国家、地方、企业三级温室气体排放核算、报告与核查工作体系，建设重点企业温室气体排放数据报送系统。整合多方资源培养壮大碳交易专业技术支撑队伍，编制统一培训教材，建立考核评估制度，构建专业咨询服务平台，鼓励有条件的省（区、市）建立全国碳排放权交易能力培训中心。组织条件成熟的地区、行业、企业开展碳排放权交易试点示范，推进相关国际合作。持续开展碳排放权交易重大问题跟踪研究。

七、加强低碳科技创新

（一）加强气候变化基础研究。加强应对气候变化基础研究、技术研发和战略政策研究基地建设。深化气候变化的事实、过程、机理研究，加强气候变化影响与风险、减缓与适应的基础研究。加强大数据、云计算等互联网技术与低碳发展融合研究。加强生产消费全过程碳排放计量、核算体系及控排政策研究。开展低碳发展与经济社会、资源环境的耦合效应研究。编制国家应对气候变化科技发展专项规划，评估低碳技术研究进展。编制第四次气候变化国家评估报告。积极参与政府间气候变化专门委员会（IPCC）第六次评估报告相关研究。

（二）加快低碳技术研发与示范。研发能源、工业、建筑、交通、农业、林业、海洋等重点领域经济适用的低碳技术。建立低碳技术孵化器，鼓励利用现有政府投资基金，引导创业投资基金等市场资金，加快推动低碳技术进步。

（三）加大低碳技术推广应用力度。定期更新国家重点节能低碳技术推广目录、节能减排与低碳技术成果转化推广清单。提高核心技术研发、制造、系统集成和产业化能力，对减排效果好、应用前景广阔的关键产品组织规模化生产。加快建立政产学研用有效结合机制，引导企业、高校、科研院所建立低碳技术创新联盟，形成技术研发、示范应用和产业化联动机制。增强大学科技园、企业孵化器、产业化基地、高新区对低碳技术产业化的支持力度。在国家低碳试点和国家可持续发展创新示范区等重点地区，加强低碳技术集中示范应用。

八、强化基础能力支撑

（一）完善应对气候变化法律法规和标准体系。推动制订应对气候变化法，适时修订完善应对气候变化相关政策法规。研究制定重点行业、重点产品温室气体排放核算标准、建筑低碳运行标准、碳捕集利用与封存标准等，完善低碳产品标准、标识和认证制度。加强节能监察，强化能效标准实施，促进能效提升和碳减排。

（二）加强温室气体排放统计与核算。加强应对气候变化统计工作，完善应对气候变化统计指标体系和温室气体排放统计制度，强化能源、工业、农业、林业、废弃物处理等相关统计，加强统计基础工作和能力建设。加强热力、电力、煤炭等重点领域温室气体排放因子计算与监测方法研究，完善重点行业企业温室气体排放核算指南。定期编制国家和省级温室气体排放清单，实行重点企（事）业单位温室气体排放数据报告制度，建立温室气体排放数据信息系统。完善温室气体排放计量和监测体系，推动重点排放单位健全能源消费和温室气体排放台账记录。逐步建立完善省市两级行政区域能源碳排放年度核算方法和报告制度，提高数据质量。

（三）建立温室气体排放信息披露制度。定期公布我国低碳发展目标实现及政策行动进展情况，建立温室气体排放数据信息发布平台，研究建立国家应对气候变化公报制度。推动地方温室气体排放数据信息公开。推动建立企业温室气体排放信息披露制度，鼓励企业主动公开温室气体排放信息，国有企业、上市公司、纳入碳排放权交易市场的企业要率先公布温室气体排放信息和控排行动措施。

（四）完善低碳发展政策体系。加大中央及地方预算内资金对低碳发展的支持力度。出台综合配套政策，完善气候投融资机制，更好发挥中国清洁发展机制基金作用，积极运用政府和社会资本合作（PPP）模式及绿色债券等手段，支持应对气候变化和低碳发展工作。发挥政府引导作用，完善涵盖节能、环保、低碳等要求的政府绿色采购制度，开展低碳机关、低碳校园、低碳医院等创建活动。研究有利于低碳发展的税收政策。加快推进能源价格形成机制改革，规范并逐步取消不利于节能减碳的化石能源补贴。完善区域低碳发展协作联动机制。

（五）加强机构和人才队伍建设。编制应对气候变化能力建设方案，加快培养技术研发、产业管理、国际合作、政策研究等各类专业人才，积极培育第三方服务机构和市场中介组织，发展低碳产业联盟和社会团体，加强气候变化研究后备队伍建设。积极推进应对气候变化基础研究、技术研发等各领域的国际合作，加强人员国际交流，实施高层次人才培养和引进计划。强化应对气候变化教育教学内容，开展"低碳进课堂"活动。加强对各级领导干部、企业管理者等培训，增强政策制定者和企业家的低碳战略决策能力。

九、广泛开展国际合作

（一）深度参与全球气候治理。积极参与落实《巴黎协定》相关谈判，继续参与各种渠道气候变化对话磋商，坚持"共同但有区别的责任"原则、公平原则和各自能力原则，推动《联合国气候变化框架公约》的全面、有效、持续实施，推动建立广泛参与、各尽所能、务实有效、合作共赢的全球气候治理体系，推动落实联合国《2030年可持续发展议程》，为我国低碳转型提供良好的国际环境。

（二）推动务实合作。加强气候变化领域国际对话交流，深化与各国的合作，广泛开展与国际组织的务实合作。积极参与国际气候和环境资金机构治理，利用相关国际机构优惠资金和先进技术支持国内应对气候变化工作。深入务实推进应对气候变化南南合作，设立并用好中国气候变化南南合作基金，支持发展中国家提高应对气候变化和防灾减灾能力。继续推进清洁能源、防灾减灾、生态保护、气候适应型农业、低碳智慧型城市建设等领域国际合作。结合实施"一带一路"战略、国际产能和装备制造合作，促进低碳项目合作，推动海外投资项目低碳化。

（三）加强履约工作。做好《巴黎协定》国内履约准备工作。按时编制和提交国家信息通报和两年更新报，参与《联合国气候变化框架公约》下的国际磋商和分析进程。加强对国家自主贡献的评估，积极参与 2018 年促进性对话。研究并向联合国通报我国本世纪中叶长期温室气体低排放发展战略。

十、强化保障落实

（一）加强组织领导。发挥好国家应对气候变化领导小组协调联络办公室的统筹协调和监督落实职能。各省（区、市）要将大幅度降低二氧化碳排放强度纳入本地区经济社会发展规划、年度计划和政府工作报告，制定具体工作方案，建立完善工作机制，逐步健全控制温室气体排放的监督和管理体制。各有关部门要根据职责分工，按照相关专项规划和工作方案，切实抓好落实。

（二）强化目标责任考核。要加强对省级人民政府控制温室气体排放目标完成情况的评估、考核，建立责任追究制度。各有关部门要建立年度控制温室气体排放工作任务完成情况的跟踪评估机制。考核评估结果向社会公开，接受舆论监督。建立碳排放控制目标预测预警机制，推动各地方、各部门落实低碳发展工作任务。

（三）加大资金投入。各地区、各有关部门要围绕实现"十三五"控制温室气体排放目标，统筹各种资金来源，切实加大资金投入，确保本方案各项任务的落实。

（四）做好宣传引导。加强应对气候变化国内外宣传和科普教育，利用好全国低碳日、联合国气候变化大会等重要节点和新媒体平台，广泛开展丰富多样的宣传活动，提升全民低碳意识。加强应对气候变化传播培训，提升媒体从业人员报道的专业水平。建立应对气候变化公众参与机制，在政策制定、重大项目工程决策等领域，鼓励社会公众广泛参与，营造积极应对气候变化的良好社会氛围。

关于鼓励发展节能环保型小排量汽车的意见

国务院办公厅转发发展改革委等部门关于
鼓励发展节能环保型小排量汽车意见的通知
国办发〔2005〕61号

各省、自治区、直辖市人民政府，国务院各部委、各直属机构：

发展改革委、建设部、公安部、财政部、监察部、环保总局《关于鼓励发展节能环保型小排量汽车的意见》已经国务院同意，现转发给你们，请认真贯彻执行。

国务院办公厅

二〇〇五年十二月二十五日

近年来，随着汽车工业科技水平的不断提高，节能环保型小排量汽车在安全性、动力性和外观等方面都有了很大改善，同时其燃油消耗少、尾气排放低、外形尺寸小、道路和车位占用面积少等优点也日益突出。但在发展节能环保型小排量汽车方面，我国目前缺乏应有的鼓励支持政策，一部分地区还制定出台了一些限制性规定。为贯彻落实《国务院关于做好建设节约型社会近期重点工作的通知》 （国发

〔2005〕21号）精神，现就鼓励发展节能环保型小排量汽车提出以下意见：

一、充分认识发展节能环保型小排量汽车的重要性

目前，节能环保型小排量汽车已成为汽车发展的主流和消费者关注的热点。美国、日本、欧洲等发达国家和地区节能环保型小排量汽车比例已占70%以上。我国节能环保型小排量汽车正日益受到消费者的喜爱，增长迅速，但比例仍然偏低。积极发展节能环保型小排量汽车，符合我国能源供给实际和大众消费水平，是建设节约型社会的重要措施，不仅有利于缓解能源紧张状况，保护环境，而且有利于培育我国汽车工业自主品牌，提高国际竞争力，对于促进汽车产业可持续发展，落实国家能源发展战略，加快建设资源节约型、环境友好型社会，具有重要意义。各地区、各部门要把鼓励节能环保型小排量汽车发展作为一项重要工作，积极采取有效措施，切实抓紧抓好。

二、制定鼓励节能环保型小排量汽车发展的产业政策

要按照国家《产业结构调整指导目录》，积极鼓励低油耗、低排放、小排量、小型化、高动力性汽车的生产和投资。加大节能环保型小排量汽车及其先进发动机（汽油机升功率大于50kW，柴油机升功率大于40kW）技术研究开发和产业化的支持力度。鼓励开发、生产柴油轿车和微型车，以及使用醇醚燃料、天然气、混合燃料、氢燃料等新型燃料的汽车。积极推动《乘用车燃料消耗量限值》国家标准的实施，从源头上控制高耗油汽车的发展。进一步完善节能环保型小排量

汽车的技术标准，不断提高其安全、节能、环保等性能。严格执行《中华人民共和国道路交通安全法》等有关法律法规，加强汽车的定期检验，确保节能环保型小排量汽车的安全使用。

三、制定鼓励节能环保型小排量汽车消费的政策措施

有关部门要加快制定有关政策措施，引导、鼓励消费者购买和使用低能耗、低污染、小排量、新能源、新动力汽车。制定和完善鼓励节能环保型小排量汽车消费的税费政策。加快石油产品价格市场化改革进程，逐步建立能够体现市场供求关系和资源稀缺程度的价格形成机制，引导消费者节约用油。研究制定汽车燃油经济性标准，建立汽车能效标识制度。对节能环保型小排量汽车停车收费给予适当优惠。各地区要结合实际，积极制定具体措施，为节能环保型小排量汽车的消费和使用创造良好的环境。

四、取消针对节能环保型小排量汽车的各种限制

前些年，一些地方针对小排量经济型汽车、柴油汽车等废气和噪声污染大、安全性不高、外形不够美观等问题，在道路交通管理以及出租汽车车辆更新中，制定出台了一些限制性规定。目前这些规定已不适应我国国情和建设节约型社会的要求。各地区、各有关部门要按照《中华人民共和国节约能源法》、《汽车产业发展政策》和《节能中长期专项规划》等有关法规和政策的要求，对现有规定进行一次全面清理，取消一切针对节能环保型小排量汽车在行驶线路和出租汽车运营等方面的限制。不得以缓解交通拥堵等为由，专门

对节能环保型小排量汽车采取交通管理限制措施；更新出租汽车车辆时，要在满足乘用功能的基础上，积极鼓励选用节能环保型小排量汽车，不得出台专门限制小排量汽车的规定，不得采取任何形式的地方保护措施。清理有关限制性规定的工作必须在 2006 年 3 月底前完成。

五、引导公众树立节约型汽车消费理念

鼓励节能环保型小排量汽车发展，取消对小排量汽车的各种限制，需要全社会广泛支持。要教育公众正确认识我国基本国情，树立节约型的消费理念，努力营造建设节约型社会的良好氛围。各级政府和部门要从自身做起，带头使用节能环保型小排量汽车，充分发挥表率作用。新闻媒体要坚持正确的舆论导向，大力宣传节能环保型小排量汽车在能耗、性能、安全、操作、停车、价格等方面的优点，树立节能环保型小排量汽车的良好信誉，鼓励消费者优先购买节能环保型小排量汽车。

六、加强领导和督促检查

有关部门要按照职责分工，明确责任和任务，尽快出台有关政策措施，各省、自治区、直辖市人民政府要结合本地区实际抓好落实。当前，各地要明确牵头部门，严明纪律，加强监督检查，突出抓好取消针对节能环保型小排量汽车的各种限制等工作并确保按期完成。有关进展情况要及时报国务院，同时抄送发展改革委。发展改革委要会同有关部门组织一次专项督查，加强督促和指导。

摩托车排放污染防治技术政策

关于发布《摩托车排放污染防治技术政策》的通知

环发〔2003〕7号

各省、自治区、直辖市环境保护局（厅），经贸委（经委），科委（科技厅）：

为贯彻《中华人民共和国大气污染防治法》，控制摩托车排放造成的污染，保障人体健康，指导摩托车排放污染防治工作，现批准发布《摩托车排放污染防治技术政策》，请遵照执行。

环保总局

国家经贸委

科技部

二○○三年一月十三日

1. 总则和控制目标

1.1　为保护大气环境，防治摩托车（如不特别指出，均含轻便摩托车，下同）排放造成的污染，推动摩托车行业技术进步，根据《中华人民共和国大气污染防治法》，制订本技术政策。本技术政策是对原《机动车排放污染防治技术政策》（国家环保总局、原国家机械工业局、科技部1999年联合发布）中摩托车部分的细化和补充。自本技术政策发布实施之日起，摩托车污染防治按本技术政策执行。本技术政策将随社会经济、技术水平的发展适时修订。

1.2 本技术政策适用于在我国境内所有新定型和新生产摩托车以及在我国上牌照的所有在用摩托车。

1.3 本技术政策主要控制摩托车排放的一氧化碳（CO）、碳氢化合物（HC）和氮氧化物（NOx）等排气污染物和可见污染物，并应采取措施控制摩托车噪声污染。

1.4 我国摩托车污染物排放控制目标是：

1.4.1 2004 年新定型的摩托车（不含轻便摩托车）产品污染物的排放应当达到相当于欧盟第二阶段排放控制水平；2005 年新定型的轻便摩托车产品污染物的排放应当达到相当于欧盟第二阶段的排放控制水平；2006 年前后我国所有新定型的摩托车产品污染物的排放应达到国际先进排放控制水平。

1.4.2 我国摩托车产品排放耐久性里程，当前应当达到6000 公里，2006 年前后应当达到 10000 公里。

1.5 摩托车产品生产应向低污染、节能的方向发展，并逐步提高摩托车排放耐久性里程。

1.6 国家通过制订优惠的税收、消费等政策措施，鼓励生产、使用提前达到国家污染物排放标准的摩托车产品，努力推动报废摩托车、废旧催化器的回收和处置，鼓励规模化和环保型的回收、处置产业的发展。

1.7 摩托车数量大、污染严重的城市可以要求提前执行国家下一阶段更为严格的排放标准，但须按照大气污染防治法的相关规定报国务院批准后实施。

2. 新生产摩托车排放污染防治

2.1 国家逐步建立摩托车产品型式核准制度，加快摩托车产品法制化管理进程。摩托车生产企业的产品设计和制造，应确保在排放标准规定的耐久性里程内，其产品排放稳定达到排放标准的要求。不符合国家污染物排放标准的新生产摩托车，不得生产、销售和使用。

2.2 强化摩托车污染排放抽查制度。摩托车及其发动机生产企业应建立完善的质量保证体系，其中应包括摩托车污染排放生产一致性质量保证计划。国家根据污染物排放标准对生产一致性的要求，定期抽查摩托车污染物排放生产一致性。

2.3 摩托车排放污染控制技术的污染削减效果应以工况法排放试验结果为依据。

2.4 摩托车及摩托车发动机生产企业应积极采用摩托车发动机机内控制和机外控制措施，实现新生产摩托车的低排放、低污染。应优先采用机内净化措施，在排放降到一定程度后再采用机外净化措施。

2.5 燃油摩托车发动机机内控制推荐技术措施包括：

2.5.1 改善摩托车发动机燃烧系统，优化燃烧室设计，提高燃烧效率，降低发动机噪声。

2.5.2 采用多气门和可变技术，提高发动机的动力性，降低油耗，降低摩托车污染物的排放。

2.5.3 通过摩托车发动机化油器结构改进和优化匹配，

采用化油器混合气电控调节，改善混合气的形成条件，实现混合气空燃比的精细化控制，有效降低摩托车污染物排放。

2.5.4　采用电控燃油喷射技术，精确控制空燃比，使摩托车发动机的燃油经济性、动力性和排放特性达到最佳匹配。采用电控燃油喷射技术逐步替代化油器是摩托车发动机生产的发展趋势。

2.6　摩托车发动机机外净化推荐技术措施包括：

2.6.1　采用催化转化技术是控制摩托车排放污染的有效措施。二冲程摩托车和强化程度不很高的四冲程摩托车上安装的催化转化器宜采用氧化型催化剂；高强化四冲程摩托车及电控燃油喷射摩托车可逐步使用三效催化器。

2.6.2　安装催化转化器时需要对摩托车发动机进行技术改进、降低原车排放，并将催化转化器与摩托车进行合理的技术匹配。在保证摩托车发动机动力性和经济性基本不变的前提下，充分发挥其净化效果，保证其使用寿命。

2.7　为满足我国第二阶段摩托车排放控制要求，四冲程摩托车宜通过优化化油器结构，实现混合气精确控制，或安装适当氧化型催化转化器的治理技术路线；二冲程摩托车宜采用改善扫气过程，开发低成本的燃油直接喷射技术，并安装氧化型催化转化器的治理技术路线。

2.8　为满足不断严格的国家摩托车排放控制要求，宜逐步采用电控燃油喷射技术，并安装催化转化器的综合治理技术路线。

2.9　采用严格的摩托车排放控制技术路线初期一次性投

资较大，但整个控制过程中环境和经济效益良好。摩托车排放污染控制宜在技术经济可行性分析的基础上，采用相对严格的控制方案。

3. 在用摩托车排放污染防治

3.1 应强化在用摩托车的检查/维护（I/M）制度。加强维修保养是控制在用摩托车污染物排放的主要方法。

3.2 在用摩托车污染物排放检测主要采用怠速法。鼓励采取严格的措施，强化在用摩托车的排放性能检测。对不达标车辆强制进行维修保养，保证车辆发动机处于正常技术状态。经维修仍不能满足排放标准要求的摩托车应予以报废。

3.3 国家逐步建立摩托车维修单位的认可制度和质量保证体系，使其配备必要的排放检测和诊断仪器，正确使用各种检测诊断手段，提高维修、保养技术水平。维修单位应根据摩托车产品说明书中专门给出的日常保养项目、维修保养内容，采用主机厂原配的零部件进行维修保养，保证维修后的摩托车排放达到国家污染物排放标准的要求。

3.4 严格按照国家摩托车报废的有关规定，淘汰应该报废的在用摩托车，减少在用摩托车的排放污染。

3.5 在用摩托车排放控制技术改造是一项系统工程，确需改造的城市和地区，应充分论证其技术经济性和改造的必要性，并进行系统的匹配研究和一定规模的改造示范。在此基础上方可进行一定规模的推广改造，保证改造后摩托车的排放性能优于原车排放。在用摩托车排放技术改造需按大气污染防治法的有关规定报批。

4. 摩托车车用油品及排放测试设备

4.1　国家在全国范围内推广使用优质无铅汽油,逐步提高油品质量标准。

4.2　采用电控燃油喷射技术的摩托车,使用的汽油中应加入符合要求的清净剂,防止喷嘴堵塞。

4.3　应使用摩托车专用润滑油,满足摩托车润滑性、清净性和防止排气堵塞性能的需要。鼓励摩托车低烟润滑油的使用,减少摩托车的排烟污染。

4.4　摩托车工况法排放测试设备应符合国家污染物排放标准规定的技术要求。

5. 国家鼓励的摩托车排放控制技术和设备

5.1　鼓励摩托车用催化转化器的研究开发和推广应用。应大力开发净化效率高、耐久性好的催化转化器,促进催化转化器产业化并保证批量生产的质量。

5.2　鼓励先进的摩托车电控燃油喷射技术和设备的研制和使用。

5.3　鼓励研究开发摩托车工况法排放测试设备和摩托车排放耐久性试验专用试验装置。

柴油车排放污染防治技术政策

关于发布《柴油车排放污染防治技术政策》的通知

环发〔2003〕10 号

各省、自治区、直辖市环境保护局（厅），经贸委（经委），科委（科技厅）：

为贯彻《中华人民共和国大气污染防治法》，控制柴油车排放造成的污染，保障人体健康，指导柴油车排放污染防治工作，现批准发布《柴油车排放污染防治技术政策》，请遵照执行。

环保总局

国家经贸委

科技部

二○○三年一月十三日

1. 总则和控制目标

1.1 为保护大气环境，防治柴油车排放造成的城市空气污染，推动柴油车行业结构调整和技术升级换代，促进车用柴油油品质量的提高，根据《中华人民共和国大气污染防治法》，制定本技术政策。本技术政策是对《机动车排放污染防治技术政策》（国家环保总局、原国家机械工业局、科技部

1999 年联合发布）有关柴油车部分的修订和补充。自本技术政策发布实施之日起，柴油车的污染防治按本技术政策执行。本技术政策将随社会经济、技术水平的发展适时修订。

1.2　本技术政策适用于所有在我国境内使用的柴油车、车用柴油机产品和车用柴油油品。

1.3　柴油发动机燃烧效率高，采用先进技术的柴油发动机污染物排放量较低。国家鼓励发展低能耗、低污染、使用可靠的柴油车。

1.4　柴油车排放的污染物及其在大气中二次反应生成的污染物对人体健康和生态环境会造成不良影响。随着经济、技术水平的提高，国家将不断严格柴油车污染物排放控制的要求，逐步降低柴油车污染物的排放水平，保护人体健康和生态环境。

1.5　柴油车主要排放一氧化碳（CO）、碳氢化合物（HC）、氮氧化物（NOx）和颗粒污染物等，控制的重点是氮氧化物（NOx）和颗粒污染物。

1.6　我国柴油汽车污染物排放当前执行相当于欧洲第一阶段控制水平的国家排放标准。我国柴油汽车污染物排放控制目标是：2004 年前后达到相当于欧洲第二阶段排放控制水平；到 2008 年，力争达到相当于欧洲第三阶段排放控制水平；2010 年之后争取与国际排放控制水平接轨。

1.7　国家将逐步加严农用运输车的排放控制要求，并最终与柴油汽车并轨。

1.8　各城市应根据空气污染现状、不同污染源的大气污染分担率等实际情况，在加强对城市固定污染源排放控制的同时，加强对柴油车等流动污染源的排放控制，尽快改善城市环境空气质量。

1.9　随着柴油车和车用柴油机技术的发展，对技术先进、污染物排放性能好并达到国家或地方排放标准的柴油车，不应采取歧视性政策。

1.10　国家通过优惠的税收等经济政策，鼓励提前达到国家排放标准的柴油车和车用柴油发动机产品的生产和使用。

2. 新生产柴油车及车用柴油机产品排放污染防治

2.1　柴油车及车用柴油机生产企业出厂的新产品，其污染物排放必须稳定达到国家或地方排放标准的要求，否则不得生产、销售和使用。

2.2　柴油车及车用柴油机生产企业应积极研究并采用先进的发动机制造技术和排放控制技术，使其产品的污染物排放达到国家或地方的排放控制目标和排放标准。以下是主要的技术导向内容：

2.2.1　柴油车及车用柴油机生产企业应积极采用先进电子控制燃油喷射技术和新型燃油喷射装置，实现柴油车和车用柴油机燃油系统各环节的精确控制，促进其产品升级。

2.2.2　柴油车及车用柴油机生产企业在其产品中应采用新型燃烧技术，实现柴油机的洁净燃烧和柴油车的清洁排放。

2.2.3　柴油车及车用柴油机生产企业应积极开发实现油、气综合管理的发动机综合管理系统（EMS）和整车管理系统，实现对整车排放性能的优化管理。

2.2.4　应积极研究开发并采用柴油车排气后处理技术，如广域空燃比下的气体排放物催化转化技术和再生能力良好的颗粒捕集技术，降低柴油车尾气中的污染物排放。

2.3　为满足不同阶段的排放控制要求，推荐新生产柴油车及车用柴油机可采用的技术路线是：

2.3.1　为达到相当于欧洲第二阶段排放控制水平的国家排放标准控制要求，可采用新型燃油泵、高压燃油喷射、废气再循环（EGR）、增压、中冷等技术相结合的技术路线。

2.3.2　为达到相当于欧洲第三阶段排放控制水平的要求，可采用电控燃油高压喷射（如电控单体泵、电控高压共轨、电控泵喷嘴等）、增压中冷、废气再循环（EGR）及安装氧化型催化转化器等技术相结合的综合治理技术路线；

2.3.3　为达到相当于欧洲第四阶段排放控制水平的排放控制要求，可采用更高压力的电控燃油喷射、可变几何的增压中冷、冷却式废气再循环EGR）、多气阀技术、可变进气涡流等，并配套相应的排气后处理技术的综合治理技术路线。

排气后处理技术包括氧化型催化转化器、连续再生的颗粒捕集器（CRT）、选择性催化还原技术（SCR）及氮氧化物储存型后处理技术（NSR）等。

2.4　柴油车及车用柴油机生产企业，应在其质量保证体系中，根据国家排放标准对生产一致性的要求，建立产品排放性能和耐久性的控制内容。在产品开发、生产质量控制、售后服务等各个阶段，加强对其产品排放性能的管理。在国家规定的使用期限内，保证其产品的排放稳定达到国家排放标准的要求。

2.5 柴油车及车用柴油机生产企业，在其产品使用说明书中应详细说明使用条件和日常保养项目，在给特约维修站的维修手册中应专门列出控制排放的维修内容、有关零部件更换周期、维修保养操作规程以及生产企业认可的零部件的规格、型号等内容，为在用柴油车的检查维护制度（I/M 制度）提供技术支持。

3. 在用柴油车排放污染防治

3.1 在用柴油车在国家规定的使用期限内，要满足出厂时国家排放标准的要求。控制在用柴油车污染排放的基本原则是加强车辆日常维护，使其保持良好的排放性能。

有排放性能耐久性要求的车型，在规定的耐久性里程内，制造厂有责任保证其排放性能在正常使用条件下稳定达标。

3.2 在用柴油车的排放控制，应以完善和加强检查/维护（I/M）制度为主。通过加强检测能力和检测网络的建设，强化对在用柴油车的排放性能检测，强制不达标车辆进行维护修理，以保证车用柴油机处于正常技术状态。

3.3 柴油车生产企业应建立和完善产品维修网络体系。维修企业应配备必要的排放检测和诊断仪器，正确使用各种检测诊断手段，提高维护、修理技术水平，保证维修后的柴油车排放性能达到国家排放标准的要求。

3.4 严格按照国家关于在用柴油车报废标准的有关规定，及时淘汰污染严重的、应该报废的在用柴油车，促进车辆更新，降低在用柴油车的排放污染。

3.5 在用柴油车排放控制技术改造是一项系统工程，确需改造的城市和地区，应充分论证其技术经济性和改造的必要性，并进行系统的匹配研究和一定规模的改造示范。

在此基础上方可进行一定规模的推广，保证改造后柴油车的排放性能优于原车的排放。

确需对在用柴油车实行新的污染物排放标准并对其进行改造的城市，需按照大气污染防治法的规定，报经国务院批准。

3.6 城市应科学合理地组织道路交通，推动先进的交通管理系统的推广和应用，提高柴油车等流动源的污染排放控制水平。

4. 车用油品

4.1 国家鼓励油品制造企业生产优质、低硫的车用柴油，鼓励生产优质、低硫、低芳烃柴油新技术和新工艺的应用，保证车用柴油质量稳定达到不断严格的国家车用柴油质量标准的要求。

4.2 国家制定车用柴油有害物质环境保护指标并与柴油车和车用柴油机排放标准同步加严，为新的排放控制技术的应用、保障柴油车污染物排放稳定达标提供必需的支持条件。

4.3 国家加强对柴油油品质量的监督管理，加强对车用柴油进口和销售环节的管理，加大对加油站的监控力度，保证加油站的车用柴油油品质量达到国家标准要求，保证柴油车和车用柴油机使用符合国家车用柴油质量标准和环保要求的车用柴油。

4.4　为满足国家环境保护重点城市对柴油车排放控制的严格要求，油品制造企业可精炼和供应更高品质、满足特殊使用要求的车用柴油，国家在价格、税收等方面按照优质优价的原则给予鼓励。

4.5　催化裂化柴油、部分劣质原油和高硫原油的直馏柴油应经过加氢等精制工艺，保证车用柴油的安定性，并使其硫含量符合使用要求。

4.6　国家鼓励发展利用生物质等原料合成制造柴油的技术。

4.7　油品生产企业应提高润滑油品质，保证其满足柴油车使用要求。

5. 柴油车和车用柴油机排放测试技术

5.1　柴油车和车用柴油机生产企业应配备完善的排放测试仪器设备，以满足产品开发、生产一致性检测的需要。

5.2　柴油车和车用柴油机排放测试仪器设备及试验室条件的控制应适应不断严格的国家排放标准的需要，满足排放标准规定的要求。

5.3　鼓励柴油车加载烟度测量设备的开发，在有条件的地区逐步推广使用。

5.4　应加强国产柴油车和车用柴油机污染物排放测试仪器和设备的研究开发，鼓励引进技术的国产化，推动排放测试技术与国际先进水平接轨。

机动车排放污染防治技术政策

国家环境保护总局关于发布
《机动车排放污染防治技术政策》的通知

环发〔1999〕134号

各省、自治区、直辖市环境保护局、科委、机械厅（局）：

为贯彻《中华人民共和国大气污染防治法》，保护大气环境，防治机动车排放污染，指导机动车排放污染防治工作，特发布《机动车排放污染防治技术政策》，请各地遵照执行。

一九九九年五月二十八日

一、总则和控制目标

1.1 为保护大气环境，防治机动车排放污染，根据《中华人民共和国大气污染防治法》，制定本技术政策。

1.2 本技术政策的适用范围是，我国境内所有新生产汽车（含柴油车）、摩托车（含助动车）、及车用发动机产品，和在我国登记上牌照的所有在用汽车（含柴油车）、摩托车（含助动车）。

1.3 机动车排放除造成一氧化碳（CO），碳氢化合物

（HC），和氮氧化物（NOx）污染外，柴油车还排放有致癌作用的细微颗粒物。此外，汽车空调用的氟利昂是破坏平流层臭氧的主要物质。因此，对机动车应同时考虑降低一氧化碳（CO）、碳氢化合物（HC）、氮氧化物（NOx）和柴油车颗粒物的排放，汽车空调用的氟利昂应逐步取代。

1.4 汽车、摩托车和车用发动机产品均应向低污染、低能耗的方向发展。

1.5 轿车的排放控制水平，2000 年达到相当于欧洲第一阶段水平 1；最大总质量不大于 3.5 吨的其它轻型汽车（包括柴油车）型式认证产品的排放控制水平，2000 年以后达到相当于欧洲第一阶段水平；所有轻型汽车（含轿车）的排放控制水平，应于 2004 年前后达到相当于欧洲第二阶段水平 2，2010 年前后争取与国际排放控制水平接轨；重型汽车（最大总质量大于 3.5 吨）与摩托车的排放控制水平，2001 年前后达到相当于欧洲第一阶段水平 3，2005 年前后柴油车达到相当于欧洲第二阶段水平 4，2010 年前后争取与国际排放控制水平接轨。

1.6 根据中国环境保护远景目标纲要，重点城市应达到国家大气环境质量二级标准。为尽快改善城市环境空气质量，依据各城市大气污染分担率，在控制城市固定污染源排放的同时，应加强对流动污染源的控制。由于绝大多数机动车集中于城市，应重点控制城市机动车的排放污染。

二、新生产汽车、摩托车及其发动机产品

2.1 汽车、摩托车生产企业出厂的新定型产品，其排放水平必须稳定达到国家排放标准的要求。不符合国家标准要求的新定型产品，不得生产、销售、注册和使用。

2.2 汽车、摩托车及其发动机生产企业，应在其质量保证体系中，根据国家排放标准对生产一致性的要求，建立其产品排放性能及其耐久性的控制内容。并在产品开发、生产质量控制、售后服务等各个阶段，加强对其产品的排放性能管理，使其产品在国家规定的使用期限内排放性能稳定达到国家标准的要求。

2.3 汽车、摩托车及其发动机生产企业，应在其产品使用说明书中，专门列出维护排放水平的内容，详细说明车辆的使用条件和日常保养项目、有关零部件更换周期、维修保养操作规程、以及生产企业认可的零部件厂牌等，为在用车的检查维护制度（I/M）提供技术支持。

2.4 鼓励汽车、摩托车及其发动机生产企业，采用先进的排放控制技术，提前达到国家制订的排放控制目标和排放标准。

2.5 鼓励汽车生产企业研究开发专门燃用压缩天然气（CNG）和液化石油气（LPG）为燃料的汽车，提供给部分有条件使用这类燃料的地区和运行线路相对固定的车型使用。代用燃料车的排放性能也必须达到国家排放标准的要求。

2.6 对于污染物排放较高的摩托车产品，应该逐步加严其排放标准。

2.7 鼓励发展油耗低、排放性能好的小排量汽车和微型汽车。

鼓励新开发的车型逐步采用车载诊断系统（OBD），对车辆上与排放相关的部件的运行状况进行实时监控，确保实际运行中的汽车稳定达到设计的排放削减效果，并为在用车的检查维护制度（I/M）提供新的支持技术。

鼓励研究开发电动车，混合动力车辆和燃料电池车技术，为未来超低排放车辆作技术储备。

2.8 鼓励研究开发稀燃条件下降低氮氧化物（NOx）的催化转化技术，摩托车氧化催化转化技术，以及再生能力良好的颗粒捕集技术。

三、在用汽车、摩托车

3.1 在用机动车在规定的耐久性期限内要稳定达到出厂时的国家标准要求。加强车辆维修、保养，使其保持良好的技术状态，是控制在用车污染排放的基本原则。

3.2 在用车的排放控制，应以强化检查/维护（I/M）制度为主，并根据各城市的具体情况，采取适宜的鼓励车辆淘汰和更新措施。完善城市在用车检查/维护（I/M）管理制度，加强检测能力和网络的建设，强化对在用车的排放性能检测，强制不达标车辆进行正常维修保养，保证车辆发动机处于正常技术状态。

3.3 逐步建立汽车维修企业的认可制度和质量保证体系，使其配备必要的机动车排放检测和诊断手段，并完善和正确使用各种检测诊断仪器，提高维修、保养技术水平，保证维修后的车辆排放污染物达到国家规定的标准要求。

3.4 对1993年以后车型的在用汽油车（曲轴箱作为进

气系统的发动机除外），进行曲轴箱通风装置和燃油蒸发控制装置的功能检查，确保其处于正常工作状态。

3.5 在用车排放检测方法及要求应该与新车排放标准相对应，除目前采用的怠速法或自由加速法控制外，对安装了闭环控制和三元催化净化系统，达到更加严格的排放标准的车辆，应采用双怠速法控制，并逐步以简易工况法（如 ASM 加速模拟工况）代替。

3.6 有排放性能耐久性要求的车型，在规定的耐久性期限内，应以工况法排放检测结果作为是否达标的最终判定依据。

3.7 在用车进行排放控制技术改造，是一种补救措施，必须首先详细研究分析该城市或地区的大气污染状况和分担率，确定进行改造的必要性和应重点改造的车型。针对要改造的车型，必须进行系统的匹配研究和一定规模的改造示范，并经整车工况法检测确可达到明显的有效性或更严格的排放标准，经国家环境保护行政主管部门会同有关部门进行技术认证后，方可由该车型的原生产厂或其指定的代表，进行一定规模的推广改造。

3.8 在用车改造为燃用天然气或液化石油气的双燃料车，是一种过渡技术，最终应向单燃料并匹配专用催化净化技术的燃气新车方向发展。在有气源气质供应和配套设施保障的地区，可对固定路线的车种（公交车和重型车）进行一定规模的改造，必须在整车上进行细致的匹配工作后，方可按 3.7 条的规定进行推广。

四、车用燃料

4.1 2000 年后全国生产的所有车用汽油必须无铅化。

4.2 2000 年后国家禁止进口、生产和销售作为汽油添加剂的四乙基铅。

4.3 积极发展优质无铅汽油和低硫柴油，其品质必须达到国家标准规定的要求。当汽车排放标准加严时，车用油品的品质标准也应相应提高，为新的排放控制技术的应用和保障车辆排放性能的耐久性提供必需的支持条件。

4.4 应确保车用燃料中不含有标准不允许的其他添加剂。

4.5 制订车用代用燃料品质标准，保证代用燃料质量达到相应标准的规定要求。

4.6 应保证油料运输、储存、销售等环节的可靠性和安全性，防止由于上述环节的失误造成对环境的污染，如向大气的挥发排放，储油罐泄露污染地下水等。

4.7 汽车、摩托车应该使用符合设计要求、达到国家燃料品质标准的燃料。

4.8 应加强对车用燃料进口和销售环节的管理，加大对加油站的监控力度，确保加油站的油品质量达到国家标准的规定要求。

4.9 为防止电控喷射发动机的喷嘴堵塞和气缸内积碳，在汽油无铅化的基础上，应采用科学配比的燃料清净剂，按照规范的方法在炼油厂或储运站统一添加到车用汽油中，以保证电喷车辆的正常使用。

4.10 对油料中含氧化物的使用，如 MTBE，甲醇混合燃料等，应根据不同地区的情况制订具体的规范。

五、排放控制装置和测试设备

5.1 应加快车用催化净化器等排放控制装置的研究开发和国产化，并建立动态跟踪管理制度。

5.2 汽车、摩托车生产企业应配备完整的排放检测设备，为生产一致性检查和排放控制技术的研究开发服务。

5.3 应加速汽车排放污染物分析仪器、测试设备的开发和引进技术的国产化。

5.4 在用车排放污染控制装置应与整车进行技术匹配，形成成套技术并经过国家有关部门的技术认证后方可推广使用。

5.5 怠速法和自由加速法检测只能作为在用车检查/维护（I/M）制度的检测手段，不能作为判定排放控制装置实际削减效果的依据。

5.6 汽车排放分析仪器、测试设备应达到国家汽车、摩托车排放标准规定的技术要求。

关于进一步规范排放检验加强机动车
环境监督管理工作的通知

国环规大气〔2016〕2号

各省、自治区、直辖市环境保护厅（局）、公安厅（局）、质量技术监督局（市场监督管理部门），各计划单列市、省会城市环境保护局、公安局、质量技术监督局（市场监督管理部门）：

为贯彻落实 2015 年 8 月 29 日全国人大常委会修订后的《大气污染防治法》（以下简称《大气法》），进一步规范机动车排放检验，推进黄标车和老旧车淘汰，加快提升机动车环境监督管理水平，现将有关要求通知如下：

一、总体要求

认真贯彻落实《大气法》，按照简政放权、放管结合、优化服务、便民惠民的要求，以降低机动车污染排放水平、改善环境质量为核心，严格实施国家机动车排放标准，全面推行机动车环保信息公开；严格规范新生产机动车和在用车排放检验，加快推进机动车排放检验信息联网；严格监管执法，加强对高排放车辆的环保达标监管，促进黄标车和老旧车淘汰，加快推进机动车环境管理的系统化、科学化、法治化、精细化和信息化。

二、有效衔接机动车排放检验和安全技术检验制度

（一）严格执行机动车排放检验制度。环境保护部门依照《大气法》建立并规范机动车排放检验制度，机动车生产企业和机动车所有人应当依法进行机动车排放检验。机动车排放检验机构应当严格落实机动车排放检验标准要求，并将排放检验数据和电子检验报告上传环保部门，出具由环保部门统一编码的排放检验报告。环保部门不再核发机动车环保检验合格标志。机动车安全技术检验机构将排放检验合格报告拍照后，通过机动车安全技术检验监管系统上传公安交管部门，对未经定期排放检验合格的机动车，不予出具安全技术检验合格证明。公安交管部门对无定期排放检验合格报告的机动车，不予核发安全技术检验合格标志。

（二）优化机动车排放和安全技术检验流程。环境保护、认证认可监管部门要加强协作，促进机动车检验机构空间布局优化、合理有序发展。鼓励机动车排放检验机构和安全技术检验机构设在同一地点，整合优化检验流程、共享检验信息，提供一站式便民服务。检验机构要严格按照价格主管部门规定的收费标准收取检验费用，在业务大厅明显位置公示收费依据和标准，并在收费凭证上分别注明安全技术检验和排放检验收费金额。纯电动汽车免于尾气排放检验。

（三）加强排放检验信息联网核查。机动车排放检验周期应与机动车安全技术检验周期一致，免于安全检验上线检测的车辆不进行排放检验。环保部门要加快推进与机动车排放检验机构、公安交管部门信息联网，建立机动车排放检验信

息核查机制。

（四）推行机动车排放异地检验。地市范围内机动车所有人可以自主选择检验机构检验，不得以城区、郊区、县市划分检验区域或者指定检验机构。推行机动车异地检验，在全省（区、市）范围内异地检验，无需办理委托手续。试行机动车跨省（区、市）异地检验，在已实现国家、省、市三级机动车排污监管平台联网的省份，允许机动车所有人在车辆所在地进行检验（黄标车除外）。

（五）大力推行便民检验服务。鼓励检验机构通过微信或短信平台、电话、网络等方式，开展预约检验业务，开设专门的预约检验通道、窗口，做到随到随检。机动车排放检验机构要完善服务指示标志、办事流程指南、大厅服务设施，设置引导指示标志，公示业务流程，增加免费导办人员，维护良好检测秩序，杜绝非法中介扰民行为。各地环保部门要通过政府网络平台向社会公布本地机动车排放检验机构名称、地址、咨询电话等相关信息，方便群众就近验车。

三、加强在用机动车环保监督管理

（六）加快淘汰黄标车和老旧车。各地环保部门要提请人民政府结合本地实际，出台鼓励、引导黄标车和老旧车提前报废更新政策措施，加大对国家鼓励淘汰和要求淘汰的黄标车和老旧车污染排放的监督管理力度，确保完成国家确定的年度淘汰工作任务，实现 2017 年底前基本淘汰黄标车。研究制定便民服务措施，采取提前告知、简化流程、开辟绿色通道等措施，方便车主淘汰黄标车和老旧车。

（七）强化在用机动车环保监督抽测工作。环保部门要在车辆集中停放地、维修地重点加强对货运车、公交车、出租车、长途客运车、旅游车等车辆的监督抽测工作。公安交管部门在不影响正常通行的情况下，要支持配合环保部门采用遥感监测等技术手段对在道路上行驶的机动车进行监督抽测。对监督抽测不合格的车辆，环保部门要通知车主予以改正并复检，及时公开逾期不复检车辆的车牌、车型等信息。公安交管部门要依法查处无安全技术检验合格标志机动车上道路行驶的违法行为。

（八）严格落实机动车强制报废标准规定。严格执行《机动车强制报废标准规定》，对达到国家强制报废规定的，一律按要求报废。各地公安交管部门要严格查处报废车辆上路行驶违法行为。对达到国家强制报废标准逾期不办理注销登记的机动车，公安交管部门应当及时公告机动车登记证书、号牌、行驶证作废。

四、强化机动车排放检验机构监督管理

（九）强化新生产机动车排放检验机构监督管理。环境保护部不再对新生产机动车排放污染申报检测机构进行核准。新生产机动车排放检验机构应当依法通过资质认定（计量认证），使用经依法检定合格的机动车排放检验设备，按照国家标准和规范进行排放检验，与环境保护部机动车排污监控中心联网，并在2016年底前实现新生产机动车排放检验信息和污染控制技术信息实时传送。

（十）推进在用车排放检验机构规范化联网。省级环保部门应按照《大气法》和国家有关规定，对在用车排放检验机构不再进行委托，对机构数量和布局不再控制。在用车排放检验机构申请与环保部门联网时，应向当地地级城市环保部门主动提交通过资质认定（计量认证）、设备依法检定合格的相关材料，地级城市环保部门对符合环境保护部机动车环保信息联网规范等要求的检验机构应予联网，并公开已联网的检验机构名单。

（十一）加强排放检验机构监督管理。环保部门可通过现场检查排放检验过程、审查原始检验记录或报告等资料、审核年度工作报告、组织检验能力比对实验、检测过程及数据联网监控等方式加强检验机构监管，推进检验机构规范化运营。认证认可监管部门应加强检验机构资质认定监督管理，重点加强技术能力有效维持以及管理体系有效性的监管，确保检验数据质量。环境保护和认证认可监管部门对排放检验机构实行"双随机、一公开"（随机抽取检查对象、随机选派执法检查人员、及时公开查处结果）的监管方式，依法严肃查处违法的排放检验机构。

（十二）强化排放检验机构主体责任。排放检验机构应按照《大气法》要求通过资质认定（计量认证），使用经依法检定或校准合格的设备，定期进行设备维护保养，按照相关规范标准进行机动车排放检验，对检验结果承担法律责任，接受社会监督和责任倒查。排放检验机构应对受检车辆的污染控制装置进行查验，重点加强营运车辆及重型柴油车环保配置查验。对伪造检验结果、出具虚假报告的检验机构，环保部门暂停网络联接和检验报告打印功能，并依照《大气法》有关条款予以处罚；违反资质认定相关规定的，认证认可监管部门依据资质认定有关规定对排放检验机构进行处罚，情节严重的撤销其资质认定证书。省市环保部门应将在用车排放检验机构守法情况纳入企业征信系统，并将有关情况向社会公开。

（十三）加强检验数据统计分析。各地环保部门应加强机动车排放检验数据分析，核查检验数据异常情况，分析查找原因。对于排放检验中发现的排放超标数量大、比例偏高的车型，地级城市环保部门应逐级上报。省级环保部门应视具体情况启动调查机制，确认该车型新生产车辆是否超标排放，依法进行处理，并报告环境保护部。

（十四）严格执行政府部门不准经办检验机构等企业的规定。要正确处理政府与市场的关系，全面推进排放检验机构社会化，严格执行党中央、国务院关于严禁党政机关和党政干部经商、办企业等规定。环保部门及其所属企事业单位、社会团体一律不得开办检验机构、参与检验机构经营。对已经开办、参与或者变相参与经营的，要立即停办、彻底脱钩或者退出投资、依法清退转让股份。

五、加快机动车环保监管能力和队伍建设

（十五）加强机动车环境监管能力建设。加快推进机动车环境管理机构标准化，提高机动车污染防治能力和水平。各省、自治区、直辖市以及大气污染防治重点城市环保部门，应按照《全国机动车环境管理能力建设标准》中关于机动车环境管理机构硬件设备标准和综合业务平台建设标准要求，逐步提高机动车污染防治监管水平。加大业务培训力度，提高监管执法人员业务技能。

（十六）加快推进全国机动车环保信息联网。各地环保部门要加快机动车环保信息联网建设工作进度，对在用车排放检验实施在线监控，实现检验数据实时传输、及时分析处理。2016 年底前，各排放检验机构应与环保部门实现数据联网，京津冀及周边地区、长三角、珠三角等重点区域要率先实现国家、省、市三级联网。2017 年底前，建成国家、省、市三级联网的机动车排污监控平台。

本通知自发布之日起实施，此前与本文件规定不符的以本文件为准。环境保护部《关于印发〈机动车环保检验管理规定〉的通知》（环发〔2013〕38 号）同时废止。

环境保护部

公安部

国家认监委

2016 年 7 月 21 日

关于加强机动车污染防治工作推进
大气 PM2.5 治理进程的指导意见

环发〔2012〕129 号

各省、自治区、直辖市环境保护厅（局），新疆生产建设兵团环境保护局，各机动车企业，中国石油天然气集团公司、中国石油化工集团公司、中国海洋石油总公司：

随着我国机动车保有量迅速增加，机动车尾气排放已成为城市大气污染的重要来源。一些地区频繁发生细颗粒物（PM2.5）污染问题，与机动车尾气排放密切相关。为切实改善环境空气质量，保障群众健康，根据国务院有关文件要求，现就加强机动车污染防治、推进 PM2.5 治理进程提出以下意见。

一、充分认识加强机动车污染防治的重要性和紧迫性

（一）认清形势，提高认识。近年来，我国机动车污染问题日益突出。2010 年全国机动车保有量达到 1.9 亿辆，尾气排放成为我国大气污染的主要来源，是造成灰霾、光化学烟雾污染的重要原因。同时，由于机动车大多行驶在人口密集区域，尾气排放直接威胁群众健康。据测算，"十二五"期间我国还将新增机动车 1 亿辆以上，新增车用汽柴油消耗 1 亿至 1.5 亿吨，由此带来的环境压力十分巨大。

当前，国家发布新修订的《环境空气质量标准》，对

PM2.5治理工作提出更高的要求，机动车污染防治成为改善环境空气质量的关键领域。《国民经济和社会发展"十二五"规划纲要》将氮氧化物排放总量削减10%作为约束性目标，机动车排放占氮氧化物总量的1/4以上，在"十二五"污染减排工作中占有举足轻重的地位。各级环保部门要充分认识加强机动车污染防治工作的重要性和紧迫性，进一步加大工作力度，强化协调配合，采取更有效的措施，全面深化机动车污染减排各项工作。

二、明确指导思想、总体要求和主要目标

（二）指导思想。以科学发展观为指导，以改善空气质量为目的，实施机动车生产、使用、淘汰等全过程环境监管。坚持源头预防，严格新车污染物排放标准，推动技术进步，促进机动车产业可持续发展；坚持综合治理，强化在用车环保定期检验，推行标志管理，提升在用车环境监管水平；坚持更新淘汰，运用法律、经济、技术和行政等多种手段，推进高排放"黄标车"加速淘汰；坚持协调发展，推动车用燃油升级，大力发展公共交通，逐步形成"车、油、路"协调发展的机动车污染减排工作格局。

（三）总体要求。以削减机动车污染物排放总量为重点，全面推进柴油车、汽油车、摩托车和低速汽车等污染防治，突出抓好新车生产、注册登记、在用车环保检验、维修治理、报废拆解、"黄标车"淘汰、车用油品升级和环保监管等关键环节，建立健全政府主导、部门协作、社会参与、环保监管的工作机制，全面实现"十二五"机动车污染减排目标任务。

（四）主要目标。到 2015 年，全国机动车污染物排放总量比 2010 年下降 10%，其中氮氧化物减排任务全面完成，颗粒物排放量显著降低。严格实施国家第四阶段机动车尾气排放标准，在有条件的地区实施第五阶段排放标准；全面推行机动车环保标志管理，环保标志发放率达到 80% 以上；基本淘汰 2005 年以前注册运营的"黄标车"；积极推进车用燃油低硫化进程；显著提高机动车环保监管能力，建立健全国家、省级、地市三级机动车环保监管机构和监控平台，进一步完善机动车污染防治法规、标准和政策体系。到 2020 年，机动车排放控制水平显著提升，尾气排放总量大幅削减。

三、提升新生产机动车尾气排放控制水平

（五）落实机动车生产环保责任。机动车企业作为车辆产品排放控制的责任主体，应严格执行环保法律法规和标准，不得生产、进口、销售不符合排放标准的车辆。机动车企业应按标准要求进行环保型式核准申报，并切实按照环保达标车型公告要求组织生产，加强环保关键部件保证、生产过程一致性控制、产品排放自检等环保管理，建立和完善环保生产一致性保证体系。机动车企业应当确保车辆环保装置耐久性，不符合排放标准规定的耐久性要求的车辆，相关生产企业要依法承担相应治理责任并采取措施确保达标。

（六）严格实施机动车排放标准。严格实施第四阶段汽油车排放标准，积极推进第四阶段柴油汽车排放标准实施，鼓励具备清洁低硫车用燃油条件的地区实施更严格的排放标准。加快国家第五阶段轻型汽车、第四阶段摩托车、低速载货汽车和非道路移动机械等排放标准的制定及修订工作，健全机动车在低温、高原等实际工况下的排放要求。大力发展混合动力、天然气等节能环保车型，推进柴油车颗粒过滤器（DPF）、氧化性催化转化器（DOC）等先进技术的应用，引导车内空气质量保障技术发展。

（七）加大环保监督执法力度。加强机动车企业环保生产日常监管和执法检查，规范检查行为，提高抽查比例，把好新车排放源头关。继续开展机动车环保生产一致性检查专项行动，采取企业现场检查和市场监督抽查相结合方式，严厉打击违反环保法律法规生产行为。逐步开展机动车在用符合性检查，对在正常使用条件下的机动车环保装置有效性进行监督抽检。推进新车排放检测实验室比对试验，提高检测质量和技术。

四、加强在用机动车污染防治

（八）严格地方机动车环境准入。加强新注册和转入车辆环境管理，严格执行国家和地方规定的机动车排放标准。在对已开展新注册车辆核发环保标志工作的地区，地方环保部门应依据国家环保达标车型公告开展核发工作。对达不到相应排放标准的，不予核发机动车环保标志。

（九）强化机动车环保检验与维修制度。各省（区、市）环保部门应严格按照《大气污染防治法》相关规定，全面推进机动车环保检验机构委托工作，2012年底前力争实现环保检验机构在地级及以上城市全覆盖。推动机动车环保检验与安全技术检验同步进行，机动车环保检验机构应按照国家和地方相关规定开展机动车环保检测业务，建立数据服务器，并与当地环保部门联网，实时上传环保检测数据。地方环保部门应加强环保检验机构日常监管，定期组织开展环保监督性抽查，鼓励有条件的地区采用简易工况检测方法，到2015年底前环保检验率（含免检车辆）达到80%以上。提高超标车辆的维修治理水平，协调交通运输部门建立机动车环保检验与维修信息共享机制。

（十）加强环保标志管理与监督抽检工作。根据《机动车环保检验合格标志管理规定》，对所有通过环保检验的机动车，分别核发绿色、黄色环保标志，逐步提高环保标志核发率。推进环保标志电子化、智能化管理。各地环保部门应加强机动车停放地的监督抽检，对规模化运营并且使用频率高的货运车、公交车、出租车、长途客运车等进行重点检查，杜绝车辆"冒黑烟"现象。积极推进遥感法检测汽车尾气。

五、推进"黄标车"更新淘汰

（十一）加强机动车强制报废管理。与公安、商务、交通等部门协调配合，严格执行《机动车强制报废标准规定》、《关于报废汽车监督管理有关工作的通知》，着力加强对营运车辆报废的监督管理。对达到强制报废条件的汽车，不予进行机动车环保检验，并注销其环保标志，协调公安交管部门暂停未履行正常报废手续的车辆所有人办理其他车管业务。

（十二）加速淘汰"黄标车"。鼓励采取"以奖促治"、"以奖代补"等经济激励政策，引导高污染、高排放的"黄标车"提前淘汰，着重加大大型载客、重型载货行业的老旧车辆淘汰力度，确保"十二五"末全部淘汰 2005 年以前注册的营运"黄标车"。

（十三）推行"黄标车"限行措施。通过制定地方性法规规章，推行"黄标车"限行措施，促进"黄标车"淘汰工作。《重点区域大气污染防治"十二五"规划》中的重点区域应逐步扩大限行区面积，在保障城市运输需求的情况下，应加强统筹协调，逐步形成"黄标车"区域连片限行的空间格局。

（十四）加强报废机动车无害化处置。与商务等相关部门协作配合，逐步实现对报废机动车回收、拆解、废弃物处理以及拆解后废弃物（包括废铅酸电池、废电路板等）流向的环境监管。鼓励具有先进回收拆解技术的企业从事报废机动车回收拆解业务。对于违反有关法律法规、不符合环保要求或不能承担正常回收拆解业务的企业，依法进行整改或取消其业务资格。

六、提升车用燃油品质

（十五）推进车用燃油标准升级。积极协调相关部门和石油企业，提升车用燃油品质。严格落实国四车用汽油标准，确保按期供应国四汽油。加快推动国四车用柴油标准制定和实施，力争全国尽早供应国四车用柴油，重点地区供应国五车用汽柴油。严格石油冶炼行业环境准入，要求新、改、扩建千万吨级以上大型炼化项目以生产国五标准车用燃油为设计目标。颁布实施车用尿素溶液标准，推进尿素加注系统建设。严格落实储油库、加油站和油罐车油气排放标准，推动制定油气污染治理计划。

（十六）加强油品环保指标监督管理。落实《关于促进车用汽柴油产品质量提升的指导意见》，配合质检、商务、工商部门开展车用油品质量监督检查，提升车用油品质量，加强监管信息沟通和部门协作。

七、提高环保监管能力

（十七）建立环保信息管理体系。建立健全机动车环保信息数据库，及时掌握新车注册、转移及注销，在用车环保检验、环保标志核发、油品升级、维修治理、报废拆解、"黄标车"淘汰和监督管理等信息，动态分析机动车尾气排放量变化情况，定期发布机动车污染防治公报，建立机动车环保信息报送制度，为各级政府及相关部门控制机动车污染提供科学依据。

（十八）推进环保监管能力建设。制定并实施机动车环保监管能力建设方案，建设国家、省级、地市三级联网的机动车环保监管平台，切实增强机动车环境监管能力。开展城市道路两侧空气质量监测试点，加强新车检测机构和在用车检验机构的在线自动监控设施建设与运行，实现环保检测数据联网报送。2015 年前完成 1 个国家级、31 个省级和 113 个环保重点城市机动车环保监控能力建设，配置相关仪器设备及业务系统。

（十九）推进环保监管机构建设。加强机动车环境管理队伍建设，配备专门人员，鼓励各地设立专门的机动车环保监管机构。完善培训机制，加强基层环境监管人员培训。进一步发挥国家机动车环保管理专家委员会的作用，对各地进行技术指导。

八、强化组织保障

（二十）加强组织协调。进一步明确地方各级人民政府对本行政区域污染减排负总责的工作要求，推动形成各级政府主导、各部门分工协作、环保统一监管的机动车污染防治工作机制。在地方政府的统一领导下，全面落实公安、环保、商务、交通等相关部门职责，通过定期召开工作协调会、建立信息通报、联合检查等工作制度，及时协调解决工作中的难点、重点问题。

（二十一）加强宣传动员。各地区要采取多种形式，充分利用报纸、电台、网络、标语等媒介，对机动车污染减排工作进行宣传，争取群众的充分理解和支持，引导群众有序参与和监督。

环境保护部

2012 年 10 月 29 日

全国普法学习读本

★ ★ ★ ★ ★

>>>>> **保护水源大气法律法规学习读本** <<<<<

保护水资源综合法律法规

加大全民普法力度，建设社会主义法治文化，树立宪法法律至上、法律面前人人平等的法治理念。

—— 中国共产党第十九次全国代表大会《决胜全面建成小康社会 夺取新时代中国特色社会主义伟大胜利》

王金锋　主编

汕头大学出版社

图书在版编目（CIP）数据

保护水资源综合法律法规／王金锋主编. -- 汕头：
汕头大学出版社，2023.4（重印）
　　（保护水源大气法律法规学习读本）
　　ISBN 978-7-5658-3517-9

　Ⅰ.①保… Ⅱ.①王… Ⅲ.①水资源保护-环境保护
法-中国-学习参考资料 Ⅳ.①D922.680.4

　　中国版本图书馆 CIP 数据核字（2018）第 035121 号

保护水资源综合法律法规　**BAOHU SHUIZIYUAN ZONGHE FALÜ FAGUI**

主　　编：王金锋
责任编辑：邹　峰
责任技编：黄东生
封面设计：大华文苑
出版发行：汕头大学出版社
　　　　　广东省汕头市大学路 243 号汕头大学校园内　　邮政编码：515063
电　　话：0754-82904613
印　　刷：三河市元兴印务有限公司
开　　本：690mm×960mm 1/16
印　　张：18
字　　数：226 千字
版　　次：2018 年 5 月第 1 版
印　　次：2023 年 4 月第 2 次印刷
定　　价：59.60 元（全 2 册）
ISBN 978-7-5658-3517-9

前　言

习近平总书记指出："推进全民守法，必须着力增强全民法治观念。要坚持把全民普法和守法作为依法治国的长期基础性工作，采取有力措施加强法制宣传教育。要坚持法治教育从娃娃抓起，把法治教育纳入国民教育体系和精神文明创建内容，由易到难、循序渐进不断增强青少年的规则意识。要健全公民和组织守法信用记录，完善守法诚信褒奖机制和违法失信行为惩戒机制，形成守法光荣、违法可耻的社会氛围，使遵法守法成为全体人民共同追求和自觉行动。"

中共中央、国务院曾经转发了中央宣传部、司法部关于在公民中开展法治宣传教育的规划，并发出通知，要求各地区各部门结合实际认真贯彻执行。通知指出，全民普法和守法是依法治国的长期基础性工作。深入开展法治宣传教育，是全面建成小康社会和新农村的重要保障。

普法规划指出：各地区各部门要根据实际需要，从不同群体的特点出发，因地制宜开展有特色的法治宣传教育坚持集中法治宣传教育与经常性法治宣传教育相结合，深化法律进机关、进乡村、进社区、进学校、进企业、进单位的"法律六进"主题活动，完善工作标准，建立长效机制。

特别是农业、农村和农民问题，始终是关系党和人民事业发展的全局性和根本性问题。党中央、国务院发布的《关于推进社会主义新农村建设的若干意见》中明确提出要"加强农村法制建设，深入开展农村普法教育，增强农民的法制观念，提高农民依法行使权利和履行义务的自觉性。"多年普法实践证明，普及法律知识，提高法制观念，增强全社会依法办事意识具有重要作用。特别是在广大农村进行普法教育，是提高全民法律素质的需要。

多年来，我国在农村实行的改革开放取得了极大成功，农村发生了翻天覆地的变化，广大农民生活水平大大得到了提高。但是，由于历史和社会等原因，现阶段我国一些地区农民文化素质还不高，不学法、不懂法、不守法现象虽然较原来有所改变，但仍有相当一部分群众的法制观念仍很淡化，不懂、不愿借助法律来保护自身权益，这就极易受到不法的侵害，或极易进行违法犯罪活动，严重阻碍了全面建成小康社会和新农村步伐。

为此，根据党和政府的指示精神以及普法规划，特别是根据广大农村农民的现状，在有关部门和专家的指导下，特别编辑了这套《全国普法学习读本》。主要包括了广大人民群众应知应懂、实际实用的法律法规。为了辅导学习，附录还收入了相应法律法规的条例准则、实施细则、解读解答、案例分析等；同时为了突出法律法规的实际实用特点，兼顾地方性和特殊性，附录还收入了部分某些地方性法律法规以及非法律法规的政策文件、管理制度、应用表格等内容，拓展了本书的知识范围，使法律法规更"接地气"，便于读者学习掌握和实际应用。

在众多法律法规中，我们通过甄别，淘汰了废止的，精选了最新的、权威的和全面的。但有部分法律法规有些条款不适应当下情况了，却没有颁布新的，我们又不能擅自改动，只得保留原有条款，但附录却有相应的补充修改意见或通知等。众多法律法规根据不同内容和受众特点，经过归类组合，优化配套。整套普法读本非常全面系统，具有很强的学习性、实用性和指导性，非常适合用于广大农村和城乡普法学习教育与实践指导。总之，是全国全民普法的良好读本。

目 录

中华人民共和国水法

中华人民共和国河道管理条例

中华人民共和国水文条例

饮用水水源保护区污染防治管理规定

中华人民共和国城市供水条例

中华人民共和国水法

中华人民共和国主席令

第四十八号

《全国人民代表大会常务委员会关于修改〈中华人民共和国节约能源法〉等六部法律的决定》已由中华人民共和国第十二届全国人民代表大会常务委员会第二十一次会议于 2016 年 7 月 2 日通过，现予公布。

《全国人民代表大会常务委员会关于修改〈中华人民共和国节约能源法〉等六部法律的决定》对《中华人民共和国节约能源法》、《中华人民共和国水法》、《中华人民共和国防洪法》、《中华人民共和国职业病防治法》、《中华人民共和国航道法》所作的修改，自公布之日起施行；对《中华人民共和国环境影响评价法》所作的修改，自 2016 年 9 月 1 日起施行。

中华人民共和国主席　习近平

2016 年 7 月 2 日

（1988 年 1 月 21 日第六届全国人民代表大会常务委员会第 24 次会议通过；2002 年 8 月 29 日第九届全国人民代表大会常务委员会第二十九次会议修订通过；根据 2009 年 8 月 27 日第十一届全国人民代表大会常务委员会第十次会议通过的《全国人民代表大会常务委员会关于修改部分法律的决定》修改；根据 2016 年 7 月 2 日第十二届全国人民代表大会常务委员会第二十一次会议通过的《全国人民代表大会常务委员会关于修改〈中华人民共和国节约能源法〉等六部法律的决定》修改）

第一章　总　则

第一条　为了合理开发、利用、节约和保护水资源，防治水害，实现水资源的可持续利用，适应国民经济和社会发展的需要，制定本法。

第二条　在中华人民共和国领域内开发、利用、节约、保护、管理水资源，防治水害，适用本法。

本法所称水资源，包括地表水和地下水。

第三条　水资源属于国家所有。水资源的所有权由国务院代表国家行使。农村集体经济组织的水塘和由农村集体经济组织修建管理的水库中的水，归各该农村集体经济组织使用。

第四条　开发、利用、节约、保护水资源和防治水害，应当全面规划、统筹兼顾、标本兼治、综合利用、讲求效益，发挥水资源的多种功能，协调好生活、生产经营和生态环境用水。

第五条 县级以上人民政府应当加强水利基础设施建设，并将其纳入本级国民经济和社会发展计划。

第六条 国家鼓励单位和个人依法开发、利用水资源，并保护其合法权益。开发、利用水资源的单位和个人有依法保护水资源的义务。

第七条 国家对水资源依法实行取水许可制度和有偿使用制度。但是，农村集体经济组织及其成员使用本集体经济组织的水塘、水库中的水的除外。国务院水行政主管部门负责全国取水许可制度和水资源有偿使用制度的组织实施。

第八条 国家厉行节约用水，大力推行节约用水措施，推广节约用水新技术、新工艺，发展节水型工业、农业和服务业，建立节水型社会。

各级人民政府应当采取措施，加强对节约用水的管理，建立节约用水技术开发推广体系，培育和发展节约用水产业。

单位和个人有节约用水的义务。

第九条 国家保护水资源，采取有效措施，保护植被，植树种草，涵养水源，防治水土流失和水体污染，改善生态环境。

第十条 国家鼓励和支持开发、利用、节约、保护、管理水资源和防治水害的先进科学技术的研究、推广和应用。

第十一条 在开发、利用、节约、保护、管理水资源和防治水害等方面成绩显著的单位和个人，由人民政府给予奖励。

第十二条 国家对水资源实行流域管理与行政区域管理相结合的管理体制。

国务院水行政主管部门负责全国水资源的统一管理和监督工作。

国务院水行政主管部门在国家确定的重要江河、湖泊设立的流域管理机构（以下简称流域管理机构），在所管辖的范围内行使法律、行政法规规定的和国务院水行政主管部门授予的水资源管理和监督职责。

县级以上地方人民政府水行政主管部门按照规定的权限，负责本行政区域内水资源的统一管理和监督工作。

第十三条　国务院有关部门按照职责分工，负责水资源开发、利用、节约和保护的有关工作。

县级以上地方人民政府有关部门按照职责分工，负责本行政区域内水资源开发、利用、节约和保护的有关工作。

第二章　水资源规划

第十四条　国家制定全国水资源战略规划。

开发、利用、节约、保护水资源和防治水害，应当按照流域、区域统一制定规划。规划分为流域规划和区域规划。流域规划包括流域综合规划和流域专业规划；区域规划包括区域综合规划和区域专业规划。

前款所称综合规划，是指根据经济社会发展需要和水资源开发利用现状编制的开发、利用、节约、保护水资源和防治水害的总体部署。前款所称专业规划，是指防洪、治涝、灌溉、航运、供水、水力发电、竹木流放、渔业、水资源保护、水土保持、防沙治沙、节约用水等规划。

第十五条　流域范围内的区域规划应当服从流域规划，专业规划应当服从综合规划。

流域综合规划和区域综合规划以及与土地利用关系密切的专业规划，应当与国民经济和社会发展规划以及土地利用总体规划、城市总体规划和环境保护规划相协调，兼顾各地区、各行业的需要。

第十六条　制定规划，必须进行水资源综合科学考察和调查评价。水资源综合科学考察和调查评价，由县级以上人民政府水行政主管部门会同同级有关部门组织进行。

县级以上人民政府应当加强水文、水资源信息系统建设。县级以上人民政府水行政主管部门和流域管理机构应当加强对水资源的动态监测。

基本水文资料应当按照国家有关规定予以公开。

第十七条　国家确定的重要江河、湖泊的流域综合规划，由国务院水行政主管部门会同国务院有关部门和有关省、自治区、直辖市人民政府编制，报国务院批准。跨省、自治区、直辖市的其他江河、湖泊的流域综合规划和区域综合规划，由有关流域管理机构会同江河、湖泊所在地的省、自治区、直辖市人民政府水行政主管部门和有关部门编制，分别经有关省、自治区、直辖市人民政府审查提出意见后，报国务院水行政主管部门审核；国务院水行政主管部门征求国务院有关部门意见后，报国务院或者其授权的部门批准。

前款规定以外的其他江河、湖泊的流域综合规划和区域综合规划，由县级以上地方人民政府水行政主管部门会同同级有关部门和有关地方人民政府编制，报本级人民政府或者其授权的部门批准，并报上一级水行政主管部门备案。

专业规划由县级以上人民政府有关部门编制，征求同级其他有关部门意见后，报本级人民政府批准。其中，防洪规划、水土保持规划的编制、批准，依照防洪法、水土保持法的有关规定执行。

第十八条　规划一经批准，必须严格执行。

经批准的规划需要修改时，必须按照规划编制程序经原批准机关批准。

第十九条　建设水工程，必须符合流域综合规划。在国家确定的重要江河、湖泊和跨省、自治区、直辖市的江河、湖泊上建设水工程，其工程可行性研究报告报请批准前，有关流域管理机构应当对水工程的建设是否符合流域综合规划进行审查并签署意见；在其他江河、湖泊上建设水工程，其工程可行性研究报告报请批准前，县级以上地方人民政府水行政主管部门应当按照管理权限对水工程的建设是否符合流域综合规划进行审查并签署意见。水工程建设涉及防洪的，依照防洪法的有关规定执行；涉及其他地区和行业的，建设单位应当事先征求有关地区和部门的意见。

第三章　水资源开发利用

第二十条　开发、利用水资源，应当坚持兴利与除害相结合，兼顾上下游、左右岸和有关地区之间的利益，充分发挥水资源的综合效益，并服从防洪的总体安排。

第二十一条　开发、利用水资源，应当首先满足城乡居民生活用水，并兼顾农业、工业、生态环境用水以及航运等需要。

在干旱和半干旱地区开发、利用水资源，应当充分考虑生态环境用水需要。

第二十二条　跨流域调水，应当进行全面规划和科学论证，统筹兼顾调出和调入流域的用水需要，防止对生态环境造成破坏。

第二十三条　地方各级人民政府应当结合本地区水资源的

实际情况，按照地表水与地下水统一调度开发、开源与节流相结合、节流优先和污水处理再利用的原则，合理组织开发、综合利用水资源。

国民经济和社会发展规划以及城市总体规划的编制、重大建设项目的布局，应当与当地水资源条件和防洪要求相适应，并进行科学论证；在水资源不足的地区，应当对城市规模和建设耗水量大的工业、农业和服务业项目加以限制。

第二十四条　在水资源短缺的地区，国家鼓励对雨水和微咸水的收集、开发、利用和对海水的利用、淡化。

第二十五条　地方各级人民政府应当加强对灌溉、排涝、水土保持工作的领导，促进农业生产发展；在容易发生盐碱化和渍害的地区，应当采取措施，控制和降低地下水的水位。

农村集体经济组织或者其成员依法在本集体经济组织所有的集体土地或者承包土地上投资兴建水工程设施的，按照谁投资建设谁管理和谁受益的原则，对水工程设施及其蓄水进行管理和合理使用。

农村集体经济组织修建水库应当经县级以上地方人民政府水行政主管部门批准。

第二十六条　国家鼓励开发、利用水能资源。在水能丰富的河流，应当有计划地进行多目标梯级开发。

建设水力发电站，应当保护生态环境，兼顾防洪、供水、灌溉、航运、竹木流放和渔业等方面的需要。

第二十七条　国家鼓励开发、利用水运资源。在水生生物洄游通道、通航或者竹木流放的河流上修建永久性拦河闸坝，建设单位应当同时修建过鱼、过船、过木设施，或者经国务院授权的部门批准采取其他补救措施，并妥善安排施工和蓄水期间的水生生物保护、航运和竹木流放，所需费用由建设单位承担。

在不通航的河流或者人工水道上修建闸坝后可以通航的，闸坝建设单位应当同时修建过船设施或者预留过船设施位置。

第二十八条 任何单位和个人引水、截（蓄）水、排水，不得损害公共利益和他人的合法权益。

第二十九条 国家对水工程建设移民实行开发性移民的方针，按照前期补偿、补助与后期扶持相结合的原则，妥善安排移民的生产和生活，保护移民的合法权益。

移民安置应当与工程建设同步进行。建设单位应当根据安置地区的环境容量和可持续发展的原则，因地制宜，编制移民安置规划，经依法批准后，由有关地方人民政府组织实施。所需移民经费列入工程建设投资计划。

第四章　水资源、水域和水工程的保护

第三十条 县级以上人民政府水行政主管部门、流域管理机构以及其他有关部门在制定水资源开发、利用规划和调度水资源时，应当注意维持江河的合理流量和湖泊、水库以及地下水的合理水位，维护水体的自然净化能力。

第三十一条 从事水资源开发、利用、节约、保护和防治水害等水事活动，应当遵守经批准的规划；因违反规划造成江河和湖泊水域使用功能降低、地下水超采、地面沉降、水体污染的，应当承担治理责任。

开采矿藏或者建设地下工程，因疏干排水导致地下水水位下降、水源枯竭或者地面塌陷，采矿单位或者建设单位应当采取补救措施；对他人生活和生产造成损失的，依法给予补偿。

第三十二条　国务院水行政主管部门会同国务院环境保护行政主管部门、有关部门和有关省、自治区、直辖市人民政府，按照流域综合规划、水资源保护规划和经济社会发展要求，拟定国家确定的重要江河、湖泊的水功能区划，报国务院批准。跨省、自治区、直辖市的其他江河、湖泊的水功能区划，由有关流域管理机构会同江河、湖泊所在地的省、自治区、直辖市人民政府水行政主管部门、环境保护行政主管部门和其他有关部门拟定，分别经有关省、自治区、直辖市人民政府审查提出意见后，由国务院水行政主管部门会同国务院环境保护行政主管部门审核，报国务院或者其授权的部门批准。

前款规定以外的其他江河、湖泊的水功能区划，由县级以上地方人民政府水行政主管部门会同同级人民政府环境保护行政主管部门和有关部门拟定，报同级人民政府或者其授权的部门批准，并报上一级水行政主管部门和环境保护行政主管部门备案。

县级以上人民政府水行政主管部门或者流域管理机构应当按照水功能区对水质的要求和水体的自然净化能力，核定该水域的纳污能力，向环境保护行政主管部门提出该水域的限制排污总量意见。

县级以上地方人民政府水行政主管部门和流域管理机构应当对水功能区的水质状况进行监测，发现重点污染物排放总量超过控制指标的，或者水功能区的水质未达到水域使用功能对水质的要求的，应当及时报告有关人民政府采取治理措施，并向环境保护行政主管部门通报。

第三十三条　国家建立饮用水水源保护区制度。省、自治区、直辖市人民政府应当划定饮用水水源保护区，并采取措施，防止水源枯竭和水体污染，保证城乡居民饮用水安全。

第三十四条 禁止在饮用水水源保护区内设置排污口。

在江河、湖泊新建、改建或者扩大排污口，应当经过有管辖权的水行政主管部门或者流域管理机构同意，由环境保护行政主管部门负责对该建设项目的环境影响报告书进行审批。

第三十五条 从事工程建设，占用农业灌溉水源、灌排工程设施，或者对原有灌溉用水、供水水源有不利影响的，建设单位应当采取相应的补救措施；造成损失的，依法给予补偿。

第三十六条 在地下水超采地区，县级以上地方人民政府应当采取措施，严格控制开采地下水。在地下水严重超采地区，经省、自治区、直辖市人民政府批准，可以划定地下水禁止开采或者限制开采区。在沿海地区开采地下水，应当经过科学论证，并采取措施，防止地面沉降和海水入侵。

第三十七条 禁止在江河、湖泊、水库、运河、渠道内弃置、堆放阻碍行洪的物体和种植阻碍行洪的林木及高秆作物。

禁止在河道管理范围内建设妨碍行洪的建筑物、构筑物以及从事影响河势稳定、危害河岸堤防安全和其他妨碍河道行洪的活动。

第三十八条 在河道管理范围内建设桥梁、码头和其他拦河、跨河、临河建筑物、构筑物，铺设跨河管道、电缆，应当符合国家规定的防洪标准和其他有关的技术要求，工程建设方案应当依照防洪法的有关规定报经有关水行政主管部门审查同意。

因建设前款工程设施，需要扩建、改建、拆除或者损坏原有水工程设施的，建设单位应当负担扩建、改建的费用和损失补偿。但是，原有工程设施属于违法工程的除外。

第三十九条 国家实行河道采砂许可制度。河道采砂许可制度实施办法，由国务院规定。

在河道管理范围内采砂，影响河势稳定或者危及堤防安全的，有关县级以上人民政府水行政主管部门应当划定禁采区和规定禁采期，并予以公告。

第四十条 禁止围湖造地。已经围垦的，应当按照国家规定的防洪标准有计划地退地还湖。

禁止围垦河道。确需围垦的，应当经过科学论证，经省、自治区、直辖市人民政府水行政主管部门或者国务院水行政主管部门同意后，报本级人民政府批准。

第四十一条 单位和个人有保护水工程的义务，不得侵占、毁坏堤防、护岸、防汛、水文监测、水文地质监测等工程设施。

第四十二条 县级以上地方人民政府应当采取措施，保障本行政区域内水工程，特别是水坝和堤防的安全，限期消除险情。水行政主管部门应当加强对水工程安全的监督管理。

第四十三条 国家对水工程实施保护。国家所有的水工程应当按照国务院的规定划定工程管理和保护范围。

国务院水行政主管部门或者流域管理机构管理的水工程，由主管部门或者流域管理机构商有关省、自治区、直辖市人民政府划定工程管理和保护范围。

前款规定以外的其他水工程，应当按照省、自治区、直辖市人民政府的规定，划定工程保护范围和保护职责。

在水工程保护范围内，禁止从事影响水工程运行和危害水工程安全的爆破、打井、采石、取土等活动。

第五章　水资源配置和节约使用

第四十四条　国务院发展计划主管部门和国务院水行政主管部门负责全国水资源的宏观调配。全国的和跨省、自治区、直辖市的水中长期供求规划，由国务院水行政主管部门会同有关部门制订，经国务院发展计划主管部门审查批准后执行。地方的水中长期供求规划，由县级以上地方人民政府水行政主管部门会同同级有关部门依据上一级水中长期供求规划和本地区的实际情况制订，经本级人民政府发展计划主管部门审查批准后执行。

水中长期供求规划应当依据水的供求现状、国民经济和社会发展规划、流域规划、区域规划，按照水资源供需协调、综合平衡、保护生态、厉行节约、合理开源的原则制定。

第四十五条　调蓄径流和分配水量，应当依据流域规划和水中长期供求规划，以流域为单元制定水量分配方案。

跨省、自治区、直辖市的水量分配方案和旱情紧急情况下的水量调度预案，由流域管理机构商有关省、自治区、直辖市人民政府制订，报国务院或者其授权的部门批准后执行。其他跨行政区域的水量分配方案和旱情紧急情况下的水量调度预案，由共同的上一级人民政府水行政主管部门商有关地方人民政府制订，报本级人民政府批准后执行。

水量分配方案和旱情紧急情况下的水量调度预案经批准后，有关地方人民政府必须执行。

在不同行政区域之间的边界河流上建设水资源开发、利用项目，应当符合该流域经批准的水量分配方案，由有关县级以上地方人民政府报共同的上一级人民政府水行政主管部门或者有关流域管理机构批准。

第四十六条 县级以上地方人民政府水行政主管部门或者流域管理机构应当根据批准的水量分配方案和年度预测来水量，制定年度水量分配方案和调度计划，实施水量统一调度；有关地方人民政府必须服从。

国家确定的重要江河、湖泊的年度水量分配方案，应当纳入国家的国民经济和社会发展年度计划。

第四十七条 国家对用水实行总量控制和定额管理相结合的制度。

省、自治区、直辖市人民政府有关行业主管部门应当制订本行政区域内行业用水定额，报同级水行政主管部门和质量监督检验行政主管部门审核同意后，由省、自治区、直辖市人民政府公布，并报国务院水行政主管部门和国务院质量监督检验行政主管部门备案。

县级以上地方人民政府发展计划主管部门会同同级水行政主管部门，根据用水定额、经济技术条件以及水量分配方案确定的可供本行政区域使用的水量，制定年度用水计划，对本行政区域内的年度用水实行总量控制。

第四十八条 直接从江河、湖泊或者地下取用水资源的单位和个人，应当按照国家取水许可制度和水资源有偿使用制度的规定，向水行政主管部门或者流域管理机构申请领取取水许可证，并缴纳水资源费，取得取水权。但是，家庭生活和零星散养、圈养畜禽饮用等少量取水的除外。

实施取水许可制度和征收管理水资源费的具体办法，由国务院规定。

第四十九条 用水应当计量，并按照批准的用水计划用水。

用水实行计量收费和超定额累进加价制度。

第五十条 各级人民政府应当推行节水灌溉方式和节水技术，对农业蓄水、输水工程采取必要的防渗漏措施，提高农业用水效率。

第五十一条 工业用水应当采用先进技术、工艺和设备，增加循环用水次数，提高水的重复利用率。

国家逐步淘汰落后的、耗水量高的工艺、设备和产品，具体名录由国务院经济综合主管部门会同国务院水行政主管部门和有关部门制定并公布。生产者、销售者或者生产经营中的使用者应当在规定的时间内停止生产、销售或者使用列入名录的工艺、设备和产品。

第五十二条 城市人民政府应当因地制宜采取有效措施，推广节水型生活用水器具，降低城市供水管网漏失率，提高生活用水效率；加强城市污水集中处理，鼓励使用再生水，提高污水再生利用率。

第五十三条 新建、扩建、改建建设项目，应当制订节水措施方案，配套建设节水设施。节水设施应当与主体工程同时设计、同时施工、同时投产。

供水企业和自建供水设施的单位应当加强供水设施的维护管理，减少水的漏失。

第五十四条 各级人民政府应当积极采取措施，改善城乡居民的饮用水条件。

第五十五条 使用水工程供应的水，应当按照国家规定向供水单位缴纳水费。供水价格应当按照补偿成本、合理收益、优质优价、公平负担的原则确定。具体办法由省级以上人民政府价格主管部门会同同级水行政主管部门或者其他供水行政主管部门依据职权制定。

第六章　水事纠纷处理与
执法监督检查

第五十六条　不同行政区域之间发生水事纠纷的，应当协商处理；协商不成的，由上一级人民政府裁决，有关各方必须遵照执行。在水事纠纷解决前，未经各方达成协议或者共同的上一级人民政府批准，在行政区域交界线两侧一定范围内，任何一方不得修建排水、阻水、取水和截（蓄）水工程，不得单方面改变水的现状。

第五十七条　单位之间、个人之间、单位与个人之间发生的水事纠纷，应当协商解决；当事人不愿协商或者协商不成的，可以申请县级以上地方人民政府或者其授权的部门调解，也可以直接向人民法院提起民事诉讼。县级以上地方人民政府或者其授权的部门调解不成的，当事人可以向人民法院提起民事诉讼。

在水事纠纷解决前，当事人不得单方面改变现状。

第五十八条　县级以上人民政府或者其授权的部门在处理水事纠纷时，有权采取临时处置措施，有关各方或者当事人必须服从。

第五十九条　县级以上人民政府水行政主管部门和流域管理机构应当对违反本法的行为加强监督检查并依法进行查处。

水政监督检查人员应当忠于职守，秉公执法。

第六十条　县级以上人民政府水行政主管部门、流域管理机构及其水政监督检查人员履行本法规定的监督检查职责时，有权采取下列措施：

（一）要求被检查单位提供有关文件、证照、资料；

（二）要求被检查单位就执行本法的有关问题作出说明；

（三）进入被检查单位的生产场所进行调查；

（四）责令被检查单位停止违反本法的行为，履行法定义务。

第六十一条　有关单位或者个人对水政监督检查人员的监督检查工作应当给予配合，不得拒绝或者阻碍水政监督检查人员依法执行职务。

第六十二条　水政监督检查人员在履行监督检查职责时，应当向被检查单位或者个人出示执法证件。

第六十三条　县级以上人民政府或者上级水行政主管部门发现本级或者下级水行政主管部门在监督检查工作中有违法或者失职行为的，应当责令其限期改正。

第七章　法律责任

第六十四条　水行政主管部门或者其他有关部门以及水工程管理单位及其工作人员，利用职务上的便利收取他人财物、其他好处或者玩忽职守，对不符合法定条件的单位或者个人核发许可证、签署审查同意意见，不按照水量分配方案分配水量，不按照国家有关规定收取水资源费，不履行监督职责，或者发现违法行为不予查处，造成严重后果，构成犯罪的，对负有责任的主管人员和其他直接责任人员依照刑法的有关规定追究刑事责任；尚不够刑事处罚的，依法给予行政处分。

第六十五条　在河道管理范围内建设妨碍行洪的建筑物、构筑物，或者从事影响河势稳定、危害河岸堤防安全和其他妨碍河道行洪的活动的，由县级以上人民政府水行政主管部门或者流域管理机构依据职权，责令停止违法行为，限期拆除违法建筑物、构筑物，恢复原状；逾期不拆除、不恢复原状的，强行拆除，所需费用由违法单位或者个人负担，并处一万元以上十万元以下的罚款。

未经水行政主管部门或者流域管理机构同意，擅自修建水工程，或者建设桥梁、码头和其他拦河、跨河、临河建筑物、构筑物，铺设跨河管道、电缆，且防洪法未作规定的，由县级以上人民政府水行政主管部门或者流域管理机构依据职权，责令停止违法行为，限期补办有关手续；逾期不补办或者补办未被批准的，责令限期拆除违法建筑物、构筑物；逾期不拆除的，强行拆除，所需费用由违法单位或者个人负担，并处一万元以上十万元以下的罚款。

虽经水行政主管部门或者流域管理机构同意，但未按照要求修建前款所列工程设施的，由县级以上人民政府水行政主管部门或者流域管理机构依据职权，责令限期改正，按照情节轻重，处一万元以上十万元以下的罚款。

第六十六条 有下列行为之一，且防洪法未作规定的，由县级以上人民政府水行政主管部门或者流域管理机构依据职权，责令停止违法行为，限期清除障碍或者采取其他补救措施，处一万元以上五万元以下的罚款：

（一）在江河、湖泊、水库、运河、渠道内弃置、堆放阻碍行洪的物体和种植阻碍行洪的林木及高秆作物的；

（二）围湖造地或者未经批准围垦河道的。

第六十七条 在饮用水水源保护区内设置排污口的，由县级以上地方人民政府责令限期拆除、恢复原状；逾期不拆除、不恢复原状的，强行拆除、恢复原状，并处五万元以上十万元以下的罚款。

未经水行政主管部门或者流域管理机构审查同意，擅自在江河、湖泊新建、改建或者扩大排污口的，由县级以上人民政府水行政主管部门或者流域管理机构依据职权，责令停止违法行为，限期恢复原状，处五万元以上十万元以下的罚款。

第六十八条 生产、销售或者在生产经营中使用国家明令淘汰的落后的、耗水量高的工艺、设备和产品的，由县级以上地方人民政府经济综合主管部门责令停止生产、销售或者使用，处二万元以上十万元以下的罚款。

第六十九条 有下列行为之一的，由县级以上人民政府水行政主管部门或者流域管理机构依据职权，责令停止违法行为，限期采取补救措施，处二万元以上十万元以下的罚款；情节严重的，吊销其取水许可证：

（一）未经批准擅自取水的；

（二）未依照批准的取水许可规定条件取水的。

第七十条 拒不缴纳、拖延缴纳或者拖欠水资源费的，由县级以上人民政府水行政主管部门或者流域管理机构依据职权，责令限期缴纳；逾期不缴纳的，从滞纳之日起按日加收滞纳部分千分之二的滞纳金，并处应缴或者补缴水资源费一倍以上五倍以下的罚款。

第七十一条 建设项目的节水设施没有建成或者没有达到国家规定的要求，擅自投入使用的，由县级以上人民政府有关部门或者流域管理机构依据职权，责令停止使用，限期改正，处五万元以上十万元以下的罚款。

第七十二条 有下列行为之一，构成犯罪的，依照刑法的有关规定追究刑事责任；尚不够刑事处罚，且防洪法未作规定的，由县级以上地方人民政府水行政主管部门或者流域管理机构依据职权，责令停止违法行为，采取补救措施，处一万元以上五万元以下的罚款；违反治安管理处罚条例的，由公安机关依法给予治安管理处罚；给他人造成损失的，依法承担赔偿责任：

（一）侵占、毁坏水工程及堤防、护岸等有关设施，毁坏防汛、水文监测、水文地质监测设施的；

（二）在水工程保护范围内，从事影响水工程运行和危害水工程安全的爆破、打井、采石、取土等活动的。

第七十三条 侵占、盗窃或者抢夺防汛物资，防洪排涝、农田水利、水文监测和测量以及其他水工程设备和器材，贪污或者挪用国家救灾、抢险、防汛、移民安置和补偿及其他水利建设款物，构成犯罪的，依照刑法的有关规定追究刑事责任。

第七十四条 在水事纠纷发生及其处理过程中煽动闹事、结伙斗殴、抢夺或者损坏公私财物、非法限制他人人身自由，构成犯罪的，依照刑法的有关规定追究刑事责任；尚不够刑事处罚的，由公安机关依法给予治安管理处罚。

第七十五条 不同行政区域之间发生水事纠纷，有下列行为之一的，对负有责任的主管人员和其他直接责任人员依法给予行政处分：

（一）拒不执行水量分配方案和水量调度预案的；

（二）拒不服从水量统一调度的；

（三）拒不执行上一级人民政府的裁决的；

（四）在水事纠纷解决前，未经各方达成协议或者上一级人民政府批准，单方面违反本法规定改变水的现状的。

第七十六条 引水、截（蓄）水、排水，损害公共利益或者他人合法权益的，依法承担民事责任。

第七十七条 对违反本法第三十九条有关河道采砂许可制度规定的行政处罚，由国务院规定。

第八章 附 则

第七十八条 中华人民共和国缔结或者参加的与国际或者国境边界河流、湖泊有关的国际条约、协定与中华人民共和国法律有不同规定的，适用国际条约、协定的规定。但是，中华人民共和国声明保留的条款除外。

第七十九条 本法所称水工程，是指在江河、湖泊和地下水源上开发、利用、控制、调配和保护水资源的各类工程。

第八十条 海水的开发、利用、保护和管理，依照有关法律的规定执行。

第八十一条 从事防洪活动，依照防洪法的规定执行。

水污染防治，依照水污染防治法的规定执行。

第八十二条 本法自 2002 年 10 月 1 日起施行。

附 录

地表水环境质量标准

国家环境保护总局关于发布
《地表水环境质量标准》的公告
环发〔2002〕72号

为贯彻《环境保护法》和《水污染防治法》，加强
地表水环境管理，防治水环境污染，保障人体健康，
现批准《地表水环境质量标准》为国家环境质量标准，
并由我局与国家质量监督检验检疫总局联合发布。

标准名称、编号如下：

地表水环境质量标准（GB 3838—2002）

该标准为强制性标准，由中国环境科学出版社出
版，自 2002 年 6 月 1 日开始实施。

特此公告。

二○○二年四月二十八日

前 言

为贯彻《中华人民共和国环境保护法》和《中华人民共和
国水污染防治法》，防治水污染，保护地表水水质，保障人体健

康，维护良好的生态系统，制定本标准。

本标准将标准项目分为：地表水环境质量标准基本项目、集中式生活饮用水地表水源地补充项目和集中式生活饮用水地表水源地特定项目。地表水环境质量标准基本项目适用于全国江河、湖泊、运河、渠道、水库等具有使用功能的地表水水域；集中式生活饮用水地表水源地补充项目和特定项目适用于集中式生活饮用水地表水源地一级保护区和二级保护区。集中式生活饮用水地表水源地特定项目由县级以上人民政府环境保护行政主管部门根据本地区地表水水质特点和环境管理的需要进行选择，集中式生活饮用水地表水源地补充项目和选择确定的特定项目作为基本项目的补充指标。

本标准项目共计 109 项，其中地表水环境质量标准基本项目 24 项，集中式生活饮用水地表水源地补充项目 5 项，集中式生活饮用水地表水源地特定项目 80 项。

与 GHZBl—1999 相比，本标准在地表水环境质量标准基本项目中增加了总氮一项指标，删除了基本要求和亚硝酸盐、非离子氨及凯氏氮三项指标，将硫酸盐、氯化物、硝酸盐、铁、锰调整为集中式生活饮用水地表水源地补充项目，修订了 PH、溶解氧、氨氮、总磷、高锰酸盐指数、铝、粪大肠菌群 7 个项目的标准值，增加了集中式生活饮用水地表水源地特定项目 40 项。本标准删除了湖泊水库特定项目标准值。

县级以上人民政府环境保护行政主管部门及相关部门根据职责分工，按本标准对地表水各类水域进行监督管理。

与近海水域相连的地表水河口水域根据水环境功能按本标准相应类别标准值进行管理，近海水功能区水域根据使用功能按《海水水质标准》相应类别标准值进行管理。批准划定的单一渔业水域按《渔业水质标准》进行管理；处理后的城市污水及与城市污水水质相近的工业废水用于农田灌溉用水的水质按《农田灌溉水质标准》进行管理。

《地面水环境质量标准》（GB3838—83）为首次发布，1988年为第一次修订，1999年为第二次修订，本次为第三次修订。本标准自 2002 年 6 月 1 日起实施，《地面水环境质量标准》（G83838—88）和《地表水环境质量标准》（GHZBl—1999）同时废止。

本标准由国家环境保护总局科技标准司提出并归口。本标准由中国环境科学研究院负责修订。本标准由国家环境保护总局 2002 年 4 月 26 日批准。本标准由国家环境保护总局负责解释。

1. 范围

1.1　本标准按照地表水环境功能分类和保护目标，规定了水环境质量应控制的项目及限值，以及水质．评价、水质项目的分析方法和标准的实施与监督。

1.2　本标准适用于中华人民共和国领域内江河、湖泊、运河、渠道、水库等具有使用功能的地表水水域。具有特定功能的水域，执行相应的专业用水水质标准。

2. 引用标准

《生活饮用水卫生规范》（卫生部，2001 年）和本标准表 4—表 6 所列分析方法标准及规范中所含条文在本标准中被引用即构成为本标准条文，与本标准同效。当上述标准和规范被修订时，应使用其最新版本。

3. 水域功能和标准分类

依据地表水水域环境功能和保护目标，按功能高低依次划分为五类：

Ⅰ类主要适用于源头水、国家自然保护区；

Ⅱ类主要适用于集中式生活饮用水地表水源地一级保护区、

珍稀水生生物栖息地、鱼虾类产卵场、仔稚幼鱼的索饵场等；

Ⅲ类主要适用于集中式生活饮用水地表水源地二级保护区、鱼虾类越冬场、洄游通道、水产养殖区等渔业水域及游泳区；

Ⅳ类主要适用于一般工业用水区及人体非直接接触的娱乐用水区；

Ⅴ类主要适用于农业用水区及一般景观要求水域。

对应地表水上述五类水域功能，将地表水环境质量标准基本项目标准值分为五类，不同功能类别分别执行相应类别的标准值。水域功能类别高的标准值严于水域功能类别低的标准值。同一水域兼有多类使用功能的，执行最高功能类别对应的标准值。实现水域功能与达功能类别标准为同一含义。

4. 标准值

4.1 地表水环境质量标准基本项目标准限值见表1。

4.2 集中式生活饮用水地表水源地补充项目标准限值见表2。

4.3 集中式生活饮用水地表水源地特定项目标准限值见表3。

5. 水质评价

5.1 地表水环境质量评价应根据应实现的水域功能类别，选取相应类别标准，进行单因子评价，评价结果应说明水质达标情况，超标的应说明超标

项目和超标倍数。

5.2 丰、平、枯水期特征明显的水域，应分水期进行水质评价。

5.3 集中式生活饮用水地表水源地水质评价的项目应包括表1中的基本项目、表2中的补充项目以及由县级以上人民政府环境保护行政主管部门从表中选择确定的特定项目。

6. 水质监测

6.1 本标准规定的项目标准值，要求水样采集后自然沉降

30 分钟，取上层非沉降部分按规定方法进行分析。

6.2 地表水水质监测的采样布点、监测频率应符合国家地表水环境监测技术规范的要求。

6.3 本标准水质项目的分析方法应优先选用表 4—表 6 规定的方法，也可采用 ISO 方法体系等其他等效分析方法，但须进行适用性检验。

7. 标准的实施与监督

7.1 本标准由县级以上人民政府环境保护行政主管部门及相关部门按职责分工监督实施。

7.2 集中式生活饮用水地表水源地水质超标项目经自来水厂净化处理后，必须达到《生活饮用水卫生规范》的要求。

7.3 省、自治区、直辖市人民政府可以对本标准中未作规定的项目，制定地方补充标准，并报国务院环境保护行政主管部门备案。

表 1 地表水环境质量标准基本项目标准限值单位：mg/L

序号	分类 标准值 项目		I 类	II 类	III 类	IV 类	V 类
1	水温（℃）		人为造成的环境水温变化应限制在： 周平均最大温升≤1 周平均最大温降≤2				
2	pH 值（无量纲）		6-9				
3	溶解氧	≥	饱和率 90%（或 7.5）	6	5	3	2
4	高锰酸盐指数	≤	2	4	6	10	15

序号	分类 标准值 项目		I 类	II 类	III 类	IV 类	V 类
5	化学需氧量（COD）	≤	15	15	20	30	40
6	五日生化需氧量 （BOD$_5$）	≤	3	3	4	6	10
7	氨氮（NH3-N）	≤	0.15	0.5	1.0	1.5	2.0
8	总磷（以 P 计）	≤	0.02 （湖、库 0.01）	0.1 （湖、库 0.025）	0.2 （湖、库 0.05）	0.3 （湖、库 0.1）	0.4 （湖、库 0.2）
9	总氮（湖、库. 以 N 计）	≤	0.2	0.5	1.0	1.5	2.0
10	铜	≤	0.01	1.0	1.0	1.0	1.0
11	锌	≤	0.05	1.0	1.0	2.0	2.0
12	氟化物（以 F⁻计）	≤	1.0	1.0	1.0	1.5	1.5
13	硒	≤	0.01	0.01	0.01	0.02	0.02
14	砷	≤	0.05	0.05	0.05	0.1	0.1
15	汞	≤	0.00005	0.00005	0.0001	0.001	0.001
16	镉	≤	0.001	0.005	0.005	0.005	0.01
17	铬（六价）	≤	0.01	0.05	0.05	0.05	0.1
18	铅	≤	0.01	0.01	0.05	0.05	0.1
19	氰化物	≤	0.005	0.05	0.02	0.2	0.2
20	挥发酚	≤	0.002	0.002	0.005	0.01	0.1
21	石油类	≤	0.05	0.05	0.05	0.5	1.0
22	阴离子表面活性剂	≤	0.2	0.2	0.2	0.3	0.3
23	硫化物	≤	0.05	0.1	0.2	0.5	1.0
24	粪大肠菌群（个/L）	≤	200	2000	10000	20000	40000

表2 集中式生活饮用水地表水源地补充项目标准限值单位：mg/L

序号	项目	标准值
1	硫酸盐（以 SO 计）	250
2	氯化物（以 Cl 计）	250
3	硝酸盐（以 N 计）	10
4	铁	0.3
5	锰	0.1

表3 集中式生活饮用水地表水源地特定项目标准限值单位：mg/L

序号	项目	标准值
1	三氯甲烷	0.06
2	四氯化碳	0.002
3	三溴甲烷	0.1
4	二氯甲烷	0.02
5	1.2-二氯乙烷	0.03
6	环氧氯丙烷	0.02
7	氯乙烯	0.005
8	1,1-二氯乙烯	0.03
9	1,2-二氯乙烯	0.05
10	三氯乙烯	0.07
11	四氯乙烯	0.04
12	氯丁二烯	0.002
13	六氯丁二烯	0.0006
14	苯乙烯	0.02
15	甲醛	0.9
16	乙醛	0.05
17	丙烯醛	0.1

序号	项目	标准值
18	三氯乙醛	0.01
19	苯	0.01
20	甲苯	0.7
21	乙苯	0.3
22	二甲苯①	0.5
23	异丙苯	0.25
24	氯苯	0.3
25	1，2-二氯苯	1.0
26	1，4-二氯苯	0.3
27	三氯苯②	0.02
28	四氯苯③	0.02
29	六氯苯	0.05
30	硝基苯	0.017
31	二硝基苯④	0.5
32	2，4-二硝基甲苯	0.0003
33	2，4，6-三硝基甲苯	0.5
34	硝基氯苯⑤	0.05
35	2，4-二硝基氯苯	0.5
36	2，4--氯苯酚	0.093
37	2，4，6-三氯苯酚	0.2
38	五氯酚	0.009
39	苯胺	0.1
40	联苯胺	0.0002
41	丙烯酰胺	0.0005
42	丙烯腈	0.1

续表

序号	项目	标准值
43	邻苯二甲酸二丁酯	0.003
44	邻苯二甲酸二（2-乙基己基）酯	0.008
45	水合肼	0.01
46	四乙基铅	0.0001
47	吡啶	0.2
48	松节油	0.2
49	苦味酸	0.5
50	丁基黄原酸	0.005
51	活性氯	0.01
52	滴滴涕	0.001
53	林丹	0.002
54	环氧七氯	0.0002
55	对硫磷	0.003
56	甲基对硫磷	0.002
57	马拉硫磷	0.05
58	乐果	0.08
59	敌敌畏	0.05
60	敌百虫	0.05
61	内吸磷	0.03
62	百菌清	0.01
63	甲萘威	0.05
64	溴氰菊酯	0.02
65	阿特拉津	0.003
66	苯并（a）芘	$2.8*10-6$
67	甲基汞	$1.0*10-6$

序号	项目	标准值
68	多氯联苯⑥	2.0 * 10-5
69	微囊藻毒素-LR	0.001
70	黄磷	0.003
71	钼	0.07
72	钴	1.0
73	铍	0.002
74	硼	0.5
75	锑	0.005
76	镍	0.02
77	钡	0.7
78	钒	0.05
79	钛	0.1
80	铊	0.0001

注：①二甲苯：指对—二甲苯、间—二甲苯、邻—二甲苯。②三氯苯：指1，2，3—三氯苯、1，2，4—三氯苯、1，3，5—三氯苯。③四氯苯：指1，2，3，4—四氯苯、1，2，3。5—四氯苯、1，2，4，5—四氯苯。④二硝基苯：指对—二硝基苯、间—二硝基苯、邻—二硝基苯。⑤硝基氯苯：指对—硝基氯苯、间—硝基氯苯、邻—硝基氯苯。⑥多氯联苯：指 PCB — 1016、PCB — 1221、PCB — 1232、PCB — 1242、PCB—1248、PCB — 1254、PCB—1260。

表4　地表水环境质量标准基本项目分析方法

序号	基本项目	分析方法	测定下限 mg/L	方法来源
1	水温	温度计法		GB13195-91
2	pH	玻璃电极法		GB6920-86
3	溶解氧	碘量法	0.2	GB7489-89
		电化学探头法		GB11913-89

续表

序号	基本项目	分析方法	测定下限 mg/L	方法来源
4	高锰酸盐指数		0.5	GB11892-89
5	化学需氧量	重铬酸盐法	5	CB11914-89
6	五日生化需氧量	稀释与接种法	2	GB7488-87
7	氨氮	纳氏试剂比色法	0.05	GB7479-87
		水杨酸分光光度法	0.01	GB7481-87
8	总磷	钼酸铵分光光度法	0.01	GB11893-89
9	总氮	碱性过硫酸钾消解紫外分光光度法	0.05	GB11894-89
10	铜	2,9-二甲基-1,10-菲啰啉分光光度法	0.06	GB7473-87
		二乙基二硫代氨基甲酸钠分光光度法	0.010	GB7474-87
		原子吸收分光光度法（整合萃取法）	0.001	GB7475-87
11	锌	原子吸收分光光度法	0.05	GB7475-87
12	氟化物	氟试剂分光光度法	0.05	GB7483-87
		离子选择电极法	0.05	GB7484-87
		离子色谱法	0.02	HJ/T84-2001

序号	基本项目	分析 方法	测定下限 mg/L	方法来源
13	硒	2，3-二氨基萘荧光法	0.00025	GB11902-89
		石墨炉原子吸收分光 光度法	0.003	GB/T15505-1995
14	砷	二乙基二硫代氨基 甲酸银分光光度法	0.007	GB7485-87
		冷原子荧光法	0.00006	1)
15	汞	冷原子吸收分光 光度法	0.00005	GB7468-87
		冷原子荧光法	0.00005	1)
16	镉	原子吸收分光光度法 （螯合萃取法）	0.001	GB7475-87
17	铬（六价）	二苯碳酰二肼分光 光度法	0.004	GB7467-87
18	铅	原子吸收分光光度法 螯合萃取法	0.01	GB7475-87
19	总氰化物	异烟酸-吡唑啉酮 比色法	0.004	GB7487-87
		吡啶-巴比妥酸比色法	0.002	
20	挥发酚	蒸馏后4-氨基安替 比林分光光度法	0.002	GB7490-87
21	石油类	红外分光光度法	0.01	GB/T16488-1996
22	阴离子表面 活性剂	亚甲蓝分光光度法	0.05	GB7494-87

续表

序号	基本项目	分析方法	测定下限 mg/L	方法来源
23	硫化物	亚甲基蓝分光光度法	0.005	GB/T16489-1996
		直接显色分光光度法	0.004	GB/T17133-1997
24	粪大肠菌群	多管发酵法、滤膜法		1)

注：暂采用下列分析方法，待国家方法标准发布后，执行国家标准。1)《水和废水监测分析方法（第三版）》，中国环境科学出版社，1989 年。

表 5　集中式生活饮用水地表水源地补充项目分析方法

序号	项目	分析方法	最低检出限（mg/L）	方法来源
1	硫酸盐	重量法	10	GBll899—89
		火焰原子吸收分光光度法	0.4	GBl3196—91
		铬酸钡光度法	8	1)
		离子色谱法	0.09	HJ/T84—2001
2	氯化物	硝酸银滴定法	10	GBll896—89
		硝酸汞滴定法	2.5	1)
		离子色谱法	0.02	HJ/T84—2001
3	硝酸盐	酚二磺酸分光光度	0.02	GB7480—87
		紫外分光光度法	0.08	1)
		离子色谱法	0.08	HJ/T84—2001
4	铁	火焰原子吸收分光光度法	0.03	GBll911—89
		邻菲啰啉分光光度法	0.03	1)
5	锰	火焰原子吸收分光光度法	0.01	GBll911—89
		甲醛肟光度法	0.01	1)
		高碘酸钾分光光度法	0.02	GBll906—89

注：暂采用下列分析方法，待国家方法标准发布后，执行国家标准。1)《水和废水监测分析方法（第三版）》，中国环境科学出版社，1989 年。

— 33 —

表6 集中式生活饮用水地表水源地特定项目分析方法气相色谱法

序号	项目	分析方法	最低检出限 mg/L	方法来源
1	三氯甲烷	顶空气相色谱法	0.0003	GB/T17130-1997
		气相色谱法	0.0006	2)
2	四氯化碳	顶空气相色谱法	0.00005	GB/T17130-1997
		气相色谱法	0.0003	2)
3	三溴甲烷	顶空气相色谱法	0.001	GB/T17130-1997
		气相色谱法	0.006	2)
4	二氯甲烷	顶空气相色谱法	0.0087	2)
5	1，2-二氯乙烷	顶空气相色谱法	0.0125	2)
6	环氧氯内烷	气相色谱法	0.02	2)
7	氯乙烯	气相色谱法	0.001	2)
8	1，1-二氯乙烯	吹出捕集气相色谱法	0.000018	2)
9	1，2—二氯乙烯	吹出捕集气相色谱法	0.000012	2)
10	三氯乙烯	顶空气相色谱法	0.0005	GB/T17130-1997
		气相色谱法	0.003	2)
11	四氯乙烯	顶空气相色谱法	0.0002	GB/T17130-1997
		气相色谱法	0.0012	2)
12	氯丁二烯	顶空气相色谱法	0.002	2)
13	六氯丁二烯	气相色谱法	0.00002	2)
14	苯乙烯	气相色谱法 v	0.01	2)
15	甲醛	乙酰丙酮分光光度法	0.05	GB13197-91
		4—氨基—3—联氨—5—疏基—1，2，4—三氮杂茂（AHMT）分光光度法	0.05	2)

续表

序号	项目	分析方法	最低检出限 mg/L	方法来源
16	乙醛	气相色谱法	0.24	2)
17	丙烯醛	气相色谱法	0.019	2)
18	三氯乙醛	气相色谱法	0.001	2)
19	苯	液上气相色谱法	0.005	GB11890-89
		顶空气相色谱法	0.00042	2)
20	甲苯	液上气相色谱法	0.005	GB11890-89
		二硫化碳萃取气相色谱法	0.05	
		气相色谱法	0.01	2)
21	乙苯	液上气相色谱法	0.005	B11890-89
		二硫化碳萃取气相色谱法	0.05	
		气相色谱法	0.01	2)
22	二甲苯	液上气相色谱法	0.005	GB11890-89
		二硫化碳萃取气相色谱法	0.05	
		气相色谱法	0.01	2)
23	异丙苯	顶空气相色谱法	0.0032	2)
24	氯苯	气相色谱法	0.01	HJ/T74—2001
25	1,2-二氯苯	气相色谱法	0.002	GB/T17131-1997
26	1,4-二氯苯	气相色谱法	0.005	GB/T17131-1997
27	三氯苯	气相色谱法	0.00004	2)

续表

序号	项目	分析方法	最低检出限 mg/L	方法来源
28	四氯苯	气相色谱法	0.00002	2)
29	六氯苯	气相色谱法	0.00002	2)
30	硝基苯	气相色谱法	0.0002	GBl3194—91
31	二硝基苯	气相色谱法	0.2	2)
32	2，4—二硝基甲苯	气相色谱法	0.0003	GBl3194—91
33	2，4，6—三硝基甲苯	气相色谱法	0.1	2)
34	硝基氯苯	气相色谱法	0.0002	GBl3194—91
35	2，4—二硝基氯苯	气相色谱法	0.1	2)
36	2，4—二氯苯酚	电子捕获—毛细色谱法	0.0004	2)
37	2，4，6—三氯苯酚	电子捕获—毛细色谱法	0.00004	2)
38	五氯酚	气相色谱法	0.00004	GB8972—88
		电子捕获—毛细色谱法	0.000024	2)
39	苯胺	气相色谱法	0.002	2)
40	联苯胺	气相色谱法	0.0002	3)
41	丙烯酰胺	气相色谱法	0.00015	2)
42	丙烯腈	气相色谱法	0.10	2)
43	邻苯二甲酸二丁酯	液相色谱法	0.0001	HJ/T72—2001

序号	项目	分析方法	最低检出限 mg/L	方法来源
44	邻苯二甲酸二（2-乙基己基）酯	气相色谱法	0.0004	2)
45	水合肼	对二甲氨基苯甲醛直接分光光度法	0.005	2)
46	四乙基铅	双硫腙比色法	0.0001	2)
47	吡啶	气相色谱法	0.031	GB/T14672—93
		巴比土酸分光光度法	0.05	2)
48	松节油	气相色谱法	0.02	2)
49	苦味酸	气相色谱法	0.001	2)
50	丁基黄原酸	铜试剂亚铜分光光度法	0.002	2)
51	活性氯	N，N—二乙基对苯二胺（DPD）分光光度法	0.01	2)
		3，3'，5，5，—四甲基联苯胺比色法	0.005	2)
52	滴滴涕	气相色谱法	0.0002	GB7492—87
53	林丹	气相色谱法	$4×10^{-6}$	GB7492—87
54	环氧七氯	液液萃取气相色谱法	0.000083	2)
55	对硫磷	气相色谱法	0.00054	GBl3192—91
56	甲基对硫磷	气相色谱法	0.00042	GBl3192—91
57	马拉硫磷	气相色谱法	0.00064	GBl3192—91
58	乐果	气相色谱法	0.00057	GBl3192—91
59	敌敌畏	气相色谱法	0.00006	GBl3192—91

续表

序号	项目	分析方法	最低检出限 mg/L	方法来源
60	敌百虫	气相色谱法	0.000051	GBl3192—91
61	内吸磷	气相色谱法	0.0025	2)
62	百菌清	气相色谱法	0.0004	2)
63	甲萘威	高效液相色谱法	0.01	2)
64	溴氰菊酯	气相色谱法	0.0002	2)
		高效液相色谱法	0.002	2)
65	阿特拉律	气相色谱法		3)
66	苯并（a）芘	乙酰化滤纸层析荧光分光光度法	$4×10^{-6}$	GBll895—89
		高效液相色谱法	$1×10^{-6}$	GB3198—91
67	甲基汞	气相色谱法	$1×10^{-8}$	GB/T17132—1997
68	多氯联苯	气相色谱法		3)
69	微囊藻毒素—LR	高效液相色谱法	0.00001	2)
70	黄磷	钼—锑—抗分光光度法	0.0025	2)
71	钼	无火焰原子吸收分光光度法	0.00231	2)
72	钴	无火焰原子吸收分头光度法	0.00191	2)
73	铍	铬菁R分光光度法	0.0002	HJ/T58—2000
		石墨炉原子吸收分光光度法	0.00002	HJ/T59—2000
		桑色素荧光分光光度法	0.0002	2)
74	硼	姜黄素分光光度法	0.02	HJ/T49—1999
		甲亚胺—H分光光度法	0.2	2)

续表

序号	项目	分析方法	最低检出限 mg/L	方法来源
75	锑	氢化原子吸收分光光度法	0.00025	2)
76	镍	无火焰原于吸收分光光度法	0.00248	2)
77	钡	无火焰原子吸收分光光度法	0.00618	2)
78	钒	钽试剂（BPHA）萃取分光光度法	0.018	GB/T15503—1995
		无火焰原子吸收分光光度法	0.00698	2)
79	钛	催化示波极谱法	0.0004	2)
		水杨基荧光酮分光光度法	0.02	2)
80	铊	无火焰原子吸收分光光度法	1×10—6	2)

注：暂采用下列分析方法，待国家方法标准发布后，执行国家标准。1)《水和废水监测分析方法（第三版）》，中国环境科学出版社，1989 年。2)《生活饮用水卫生规范》，中华人民兵和国卫生部，2001 年。3)《水和废水标准检验法（第 15 版）》，中国建筑工业出版社，1985 年。

中华人民共和国河道管理条例

中华人民共和国国务院令

第 687 号

现公布《国务院关于修改部分行政法规的决定》，自公布之日起施行。

总　理　李克强

2017 年 10 月 7 日

（1988 年 6 月 3 日国务院第 7 次常务会议通过；1988 年 6 月 10 日中华人民共和国国务院令第 3 号公布；根据 2011 年 1 月 8 日《国务院关于废止和修改部分行政法规的决定》第一次修订；根据 2017 年 3 月 1 日中华人民共和国国务院令第 676 号修改；根据 2017 年 10 月 7 日中华人民共和国国务院令第 687 号修改）

第一章　总　则

第一条　为加强河道管理，保障防洪安全，发挥江河湖泊的综合效益，根据《中华人民共和国水法》，制定本条例。

第二条 本条例适用于中华人民共和国领域内的河道（包括湖泊、人工水道、行洪区、蓄洪区、滞洪区）。

河道内的航道，同时适用《中华人民共和国航道管理条例》。

第三条 开发利用江河湖泊水资源和防治水害，应当全面规划、统筹兼顾、综合利用、讲求效益，服从防洪的总体安排，促进各项事业的发展。

第四条 国务院水利行政主管部门是全国河道的主管机关。

各省、自治区、直辖市的水利行政主管部门是该行政区域的河道主管机关。

第五条 国家对河道实行按水系统一管理和分级管理相结合的原则。

长江、黄河、淮河、海河、珠江、松花江、辽河等大江大河的主要河段，跨省、自治区、直辖市的重要河段，省、自治区、直辖市之间的边界河道以及国境边界河道，由国家授权的江河流域管理机构实施管理，或者由上述江河所在省、自治区、直辖市的河道主管机关根据流域统一规划实施管理。其他河道由省、自治区、直辖市或者市、县的河道主管机关实施管理。

第六条 河道划分等级。河道等级标准由国务院水利行政主管部门制定。

第七条 河道防汛和清障工作实行地方人民政府行政首长负责制。

第八条 各级人民政府河道主管机关以及河道监理人员，必须按照国家法律、法规，加强河道管理，执行供水计划和防洪调度命令，维护水工程和人民生命财产安全。

第九条 一切单位和个人都有保护河道堤防安全和参加防汛抢险的义务。

第二章 河道整治与建设

第十条 河道的整治与建设,应当服从流域综合规划,符合国家规定的防洪标准、通航标准和其他有关技术要求,维护堤防安全,保持河势稳定和行洪、航运通畅。

第十一条 修建开发水利、防治水害、整治河道的各类工程和跨河、穿河、穿堤、临河的桥梁、码头、道路、渡口、管道、缆线等建筑物及设施,建设单位必须按照河道管理权限,将工程建设方案报送河道主管机关审查同意。未经河道主管机关审查同意的,建设单位不得开工建设。

建设项目经批准后,建设单位应当将施工安排告知河道主管机关。

第十二条 修建桥梁、码头和其他设施,必须按照国家规定的防洪标准所确定的河宽进行,不得缩窄行洪通道。

桥梁和栈桥的梁底必须高于设计洪水位,并按照防洪和航运的要求,留有一定的超高。设计洪水位由河道主管机关根据防洪规划确定。

跨越河道的管道、线路的净空高度必须符合防洪和航运的要求。

第十三条 交通部门进行航道整治,应当符合防洪安全要求,并事先征求河道主管机关对有关设计和计划的意见。

水利部门进行河道整治,涉及航道的,应当兼顾航运的需要,并事先征求交通部门对有关设计和计划的意见。

在国家规定可以流放竹木的河流和重要的渔业水域进行河

道、航道整治，建设单位应当兼顾竹木水运和渔业发展的需要，并事先将有关设计和计划送同级林业、渔业主管部门征求意见。

第十四条　堤防上已修建的涵闸、泵站和埋设的穿堤管道、缆线等建筑物及设施，河道主管机关应当定期检查，对不符合工程安全要求的，限期改建。

在堤防上新建前款所指建筑物及设施，应当服从河道主管机关的安全管理。

第十五条　确需利用堤顶或者戗台兼做公路的，须经上级河道主管机关批准。堤身和堤顶公路的管理和维护办法，由河道主管机关商交通部门制定。

第十六条　城镇建设和发展不得占用河道滩地。城镇规划的临河界限，由河道主管机关会同城镇规划等有关部门确定。沿河城镇在编制和审查城镇规划时，应当事先征求河道主管机关的意见。

第十七条　河道岸线的利用和建设，应当服从河道整治规划和航道整治规划。计划部门在审批利用河道岸线的建设项目时，应当事先征求河道主管机关的意见。

河道岸线的界限，由河道主管机关会同交通等有关部门报县级以上地方人民政府划定。

第十八条　河道清淤和加固堤防取土以及按照防洪规划进行河道整治需要占用的土地，由当地人民政府调剂解决。

因修建水库、整治河道所增加的可利用土地，属于国家所有，可以由县级以上人民政府用于移民安置和河道整治工程。

第十九条　省、自治区、直辖市以河道为边界的，在河道两岸外侧各10公里之内，以及跨省、自治区、直辖市的河道，未经有关各方达成协议或者国务院水利行政主管部门批准，禁止单方面修建排水、阻水、引水、蓄水工程以及河道整治工程。

第三章　河道保护

第二十条　有堤防的河道，其管理范围为两岸堤防之间的水域、沙洲、滩地（包括可耕地）、行洪区，两岸堤防及护堤地。

无堤防的河道，其管理范围根据历史最高洪水位或者设计洪水位确定。

河道的具体管理范围，由县级以上地方人民政府负责划定。

第二十一条　在河道管理范围内，水域和土地的利用应当符合江河行洪、输水和航运的要求；滩地的利用，应当由河道主管机关会同土地管理等有关部门制定规划，报县级以上地方人民政府批准后实施。

第二十二条　禁止损毁堤防、护岸、闸坝等水工程建筑物和防汛设施、水文监测和测量设施、河岸地质监测设施以及通信照明等设施。

在防汛抢险期间，无关人员和车辆不得上堤。

因降雨雪等造成堤顶泥泞期间，禁止车辆通行，但防汛抢险车辆除外。

第二十三条　禁止非管理人员操作河道上的涵闸闸门，禁止任何组织和个人干扰河道管理单位的正常工作。

第二十四条　在河道管理范围内，禁止修建围堤、阻水渠道、阻水道路；种植高杆农作物、芦苇、杞柳、荻柴和树木（堤防防护林除外）；设置拦河渔具；弃置矿渣、石渣、煤灰、泥土、垃圾等。

在堤防和护堤地，禁止建房、放牧、开渠、打井、挖窖、葬坟、晒粮、存放物料、开采地下资源、进行考古发掘以及开展集市贸易活动。

第二十五条 在河道管理范围内进行下列活动,必须报经河道主管机关批准;涉及其他部门的,由河道主管机关会同有关部门批准:

(一)采砂、取土、淘金、弃置砂石或者淤泥;

(二)爆破、钻探、挖筑鱼塘;

(三)在河道滩地存放物料、修建厂房或者其他建筑设施;

(四)在河道滩地开采地下资源及进行考古发掘。

第二十六条 根据堤防的重要程度、堤基土质条件等,河道主管机关报经县级以上人民政府批准,可以在河道管理范围的相连地域划定堤防安全保护区。在堤防安全保护区内,禁止进行打井、钻探、爆破、挖筑鱼塘、采石、取土等危害堤防安全的活动。

第二十七条 禁止围湖造田。已经围垦的,应当按照国家规定的防洪标准进行治理,逐步退田还湖。湖泊的开发利用规划必须经河道主管机关审查同意。

禁止围垦河流,确需围垦的,必须经过科学论证,并经省级以上人民政府批准。

第二十八条 加强河道滩地、堤防和河岸的水土保持工作,防止水土流失、河道淤积。

第二十九条 江河的故道、旧堤、原有工程设施等,不得擅自填堵、占用或者拆毁。

第三十条 护堤护岸林木,由河道管理单位组织营造和管理,其他任何单位和个人不得侵占、砍伐或者破坏。

河道管理单位对护堤护岸林木进行抚育和更新性质的采伐及用于防汛抢险的采伐,根据国家有关规定免交育林基金。

第三十一条 在为保证堤岸安全需要限制航速的河段,河道主管机关应当会同交通部门设立限制航速的标志，通行的船舶不得超速行驶。

在汛期，船舶的行驶和停靠必须遵守防汛指挥部的规定。

第三十二条　山区河道有山体滑坡、崩岸、泥石流等自然灾害的河段，河道主管机关应当会同地质、交通等部门加强监测。在上述河段，禁止从事开山采石、采矿、开荒等危及山体稳定的活动。

第三十三条　在河道中流放竹木，不得影响行洪、航运和水工程安全，并服从当地河道主管机关的安全管理。

在汛期，河道主管机关有权对河道上的竹木和其他漂流物进行紧急处置。

第三十四条　向河道、湖泊排污的排污口的设置和扩大，排污单位在向环境保护部门申报之前，应当征得河道主管机关的同意。

第三十五条　在河道管理范围内，禁止堆放、倾倒、掩埋、排放污染水体的物体。禁止在河道内清洗装贮过油类或者有毒污染物的车辆、容器。

河道主管机关应当开展河道水质监测工作，协同环境保护部门对水污染防治实施监督管理。

第四章　河道清障

第三十六条　对河道管理范围内的阻水障碍物，按照"谁设障，谁清除"的原则，由河道主管机关提出清障计划和实施方案，由防汛指挥部责令设障者在规定的期限内清除。逾期不清除的，由防汛指挥部组织强行清除，并由设障者负担全部清障费用。

第三十七条　对壅水、阻水严重的桥梁、引道、码头和其他跨河工程设施，根据国家规定的防洪标准，由河道主管机关提出意见并报经人民政府批准，责成原建设单位在规定的期限内改建或者拆除。汛期影响防洪安全的，必须服从防汛指挥部的紧急处理决定。

第五章　经　费

第三十八条　河道堤防的防汛岁修费，按照分级管理的原则，分别由中央财政和地方财政负担，列入中央和地方年度财政预算。

第三十九条　受益范围明确的堤防、护岸、水闸、圩垸、海塘和排涝工程设施，河道主管机关可以向受益的工商企业等单位和农户收取河道工程修建维护管理费，其标准应当根据工程修建和维护管理费用确定。收费的具体标准和计收办法由省、自治区、直辖市人民政府制定。

第四十条　在河道管理范围内采砂、取土、淘金，必须按照经批准的范围和作业方式进行，并向河道主管机关缴纳管理费。收费的标准和计收办法由国务院水利行政主管部门会同国务院财政主管部门制定。

第四十一条　任何单位和个人，凡对堤防、护岸和其他水工程设施造成损坏或者造成河道淤积的，由责任者负责修复、清淤或者承担维修费用。

第四十二条　河道主管机关收取的各项费用，用于河道堤防工程的建设、管理、维修和设施的更新改造。结余资金可以连年结转使用，任何部门不得截取或者挪用。

第四十三条　河道两岸的城镇和农村，当地县级以上人民政府可以在汛期组织堤防保护区域内的单位和个人义务出工，对河道堤防工程进行维修和加固。

第六章　罚　则

第四十四条　违反本条例规定，有下列行为之一的，县级以上地方人民政府河道主管机关除责令其纠正违法行为、采取补救措施外，可以并处警告、罚款、没收非法所得；对有关责任人员，由其所在单位或者上级主管机关给予行政处分；构成犯罪的，依法追究刑事责任：

（一）在河道管理范围内弃置、堆放阻碍行洪物体的；种植阻碍行洪的林木或者高秆植物的；修建围堤、阻水渠道、阻水道路的；

（二）在堤防、护堤地建房、放牧、开渠、打井、挖窖、葬坟、晒粮、存放物料、开采地下资源、进行考古发掘以及开展集市贸易活动的；

（三）未经批准或者不按照国家规定的防洪标准、工程安全标准整治河道或者修建水工程建筑物和其他设施的；

（四）未经批准或者不按照河道主管机关的规定在河道管理范围内采砂、取土、淘金、弃置砂石或者淤泥、爆破、钻探、挖筑鱼塘的；

（五）未经批准在河道滩地存放物料、修建厂房或者其他建筑设施，以及开采地下资源或者进行考古发掘的；

（六）违反本条例第二十七条的规定，围垦湖泊、河流的；

（七）擅自砍伐护堤护岸林木的；

（八）汛期违反防汛指挥部的规定或者指令的。

第四十五条　违反本条例规定，有下列行为之一的，县级以上地方人民政府河道主管机关除责令其纠正违法行为、赔偿损失、采取补救措施外，可以并处警告、罚款；应当给予治安管理处罚的，按照《中华人民共和国治安管理处罚法》的规定处罚；构成犯罪的，依法追究刑事责任：

（一）损毁堤防、护岸、闸坝、水工程建筑物，损毁防汛设施、水文监测和测量设施、河岸地质监测设施以及通信照明等设施；

（二）在堤防安全保护区内进行打井、钻探、爆破、挖筑鱼塘、采石、取土等危害堤防安全的活动的；

（三）非管理人员操作河道上的涵闸闸门或者干扰河道管理单位正常工作的。

第四十六条 当事人对行政处罚决定不服的，可以在接到处罚通知之日起 15 日内，向作出处罚决定的机关的上一级机关申请复议，对复议决定不服的，可以在接到复议决定之日起 15 日内，向人民法院起诉。当事人也可以在接到处罚通知之日起 15 日内，直接向人民法院起诉。当事人逾期不申请复议或者不向人民法院起诉又不履行处罚决定的，由作出处罚决定的机关申请人民法院强制执行。对治安管理处罚不服的，按照《中华人民共和国治安管理处罚法》的规定办理。

第四十七条 对违反本条例规定，造成国家、集体、个人经济损失的，受害方可以请求县级以上河道主管机关处理。受害方也可以直接向人民法院起诉。

当事人对河道主管机关的处理决定不服的，可以在接到通知之日起，15 日内向人民法院起诉。

第四十八条 河道主管机关的工作人员以及河道监理人员玩忽职守、滥用职权、徇私舞弊的，由其所在单位或者上级主管机关给予行政处分；对公共财产、国家和人民利益造成重大损失的，依法追究刑事责任。

第七章　附　则

第四十九条　各省、自治区、直辖市人民政府，可以根据本条例的规定，结合本地区的实际情况，制定实施办法。

第五十条　本条例由国务院水利行政主管部门负责解释。

第五十一条　本条例自发布之日起施行。

中华人民共和国水文条例

中华人民共和国国务院令

第 676 号

现公布《国务院关于修改和废止部分行政法规的决定》，自公布之日起施行。

总理 李克强

2017 年 3 月 1 日

（2007 年 4 月 25 日国务院令第 496 号公布；根据 2013 年 7 月 18 日《国务院关于废止和修改部分行政法规的决定》第一次修订；根据 2016 年 2 月 6 日《国务院关于修改部分行政法规的决定》第二次修订；根据 2017 年 3 月 1 日《国务院关于修改和废止部分行政法规的决定》第三次修订）

第一章 总 则

第一条 为了加强水文管理，规范水文工作，为开发、利用、节约、保护水资源和防灾减灾服务，促进经济社会的可持续发展，根据《中华人民共和国水法》和《中华人民共和国防洪法》，制定本条例。

第二条　在中华人民共和国领域内从事水文站网规划与建设，水文监测与预报，水资源调查评价，水文监测资料汇交、保管与使用，水文设施与水文监测环境的保护等活动，应当遵守本条例。

第三条　水文事业是国民经济和社会发展的基础性公益事业。县级以上人民政府应当将水文事业纳入本级国民经济和社会发展规划，所需经费纳入本级财政预算，保障水文监测工作的正常开展，充分发挥水文工作在政府决策、经济社会发展和社会公众服务中的作用。

县级以上人民政府应当关心和支持少数民族地区、边远贫困地区和艰苦地区水文基础设施的建设和运行。

第四条　国务院水行政主管部门主管全国的水文工作，其直属的水文机构具体负责组织实施管理工作。

国务院水行政主管部门在国家确定的重要江河、湖泊设立的流域管理机构（以下简称流域管理机构），在所管辖范围内按照法律、本条例规定和国务院水行政主管部门规定的权限，组织实施管理有关水文工作。

省、自治区、直辖市人民政府水行政主管部门主管本行政区域内的水文工作，其直属的水文机构接受上级业务主管部门的指导，并在当地人民政府的领导下具体负责组织实施管理工作。

第五条　国家鼓励和支持水文科学技术的研究、推广和应用，保护水文科技成果，培养水文科技人才，加强水文国际合作与交流。

第六条　县级以上人民政府对在水文工作中做出突出贡献的单位和个人，按照国家有关规定给予表彰和奖励。

第七条　外国组织或者个人在中华人民共和国领域内从事水文活动的，应当经国务院水行政主管部门会同有关部门批准，并遵守中华人民共和国的法律、法规；在中华人民共和国与邻国交界的跨界河流上从事水文活动的，应当遵守中华人民共和国与相关国家缔结的有关条约、协定。

第二章　规划与建设

第八条　国务院水行政主管部门负责编制全国水文事业发展规划，在征求国务院有关部门意见后，报国务院或者其授权的部门批准实施。

流域管理机构根据全国水文事业发展规划编制流域水文事业发展规划，报国务院水行政主管部门批准实施。

省、自治区、直辖市人民政府水行政主管部门根据全国水文事业发展规划和流域水文事业发展规划编制本行政区域的水文事业发展规划，报本级人民政府批准实施，并报国务院水行政主管部门备案。

第九条　水文事业发展规划是开展水文工作的依据。修改水文事业发展规划，应当按照规划编制程序经原批准机关批准。

第十条　水文事业发展规划主要包括水文事业发展目标、水文站网建设、水文监测和情报预报设施建设、水文信息网络和业务系统建设以及保障措施等内容。

第十一条　国家对水文站网建设实行统一规划。水文站网建设应当坚持流域与区域相结合、区域服从流域，布局合理、防止重复，兼顾当前和长远需要的原则。

第十二条　水文站网的建设应当依据水文事业发展规划，按照国家固定资产投资项目建设程序组织实施。

为国家水利、水电等基础工程设施提供服务的水文站网的建设和运行管理经费，应当分别纳入工程建设概算和运行管理经费。

本条例所称水文站网，是指在流域或者区域内，由适当数量的各类水文测站构成的水文监测资料收集系统。

第十三条　国家对水文测站实行分类分级管理。

水文测站分为国家基本水文测站和专用水文测站。国家基本水文测站分为国家重要水文测站和一般水文测站。

第十四条　国家重要水文测站和流域管理机构管理的一般水文测站的设立和调整，由省、自治区、直辖市人民政府水行政主管部门或者流域管理机构报国务院水行政主管部门直属水文机构批准。其他一般水文测站的设立和调整，由省、自治区、直辖市人民政府水行政主管部门批准，报国务院水行政主管部门直属水文机构备案。

第十五条　设立专用水文测站，不得与国家基本水文测站重复；在国家基本水文测站覆盖的区域，确需设立专用水文测站的，应当按照管理权限报流域管理机构或者省、自治区、直辖市人民政府水行政主管部门直属水文机构批准。其中，因交通、航运、环境保护等需要设立专用水文测站的，有关主管部门批准前，应当征求流域管理机构或者省、自治区、直辖市人民政府水行政主管部门直属水文机构的意见。

撤销专用水文测站，应当报原批准机关批准。

第十六条　专用水文测站和从事水文活动的其他单位，应当接受水行政主管部门直属水文机构的行业管理。

第十七条　省、自治区、直辖市人民政府水行政主管部门管理的水文测站，对流域水资源管理和防灾减灾有重大作用的，业务上应当同时接受流域管理机构的指导和监督。

第三章　监测与预报

第十八条　从事水文监测活动应当遵守国家水文技术标准、规范和规程，保证监测质量。未经批准，不得中止水文监测。

国家水文技术标准、规范和规程，由国务院水行政主管部门会同国务院标准化行政主管部门制定。

第十九条　水文监测所使用的专用技术装备应当符合国务院水行政主管部门规定的技术要求。

水文监测所使用的计量器具应当依法经检定合格。水文监测所使用的计量器具的检定规程，由国务院水行政主管部门制定，报国务院计量行政主管部门备案。

第二十条　水文机构应当加强水资源的动态监测工作，发现被监测水体的水量、水质等情况发生变化可能危及用水安全的，应当加强跟踪监测和调查，及时将监测、调查情况和处理建议报所在地人民政府及其水行政主管部门；发现水质变化，可能发生突发性水体污染事件的，应当及时将监测、调查情况报所在地人民政府水行政主管部门和环境保护行政主管部门。

有关单位和个人对水资源动态监测工作应当予以配合。

第二十一条　承担水文情报预报任务的水文测站，应当及时、准确地向县级以上人民政府防汛抗旱指挥机构和水行政主管部门报告有关水文情报预报。

第二十二条　水文情报预报由县级以上人民政府防汛抗旱指挥机构、水行政主管部门或者水文机构按照规定权限向社会统一发布。禁止任何其他单位和个人向社会发布水文情报预报。

广播、电视、报纸和网络等新闻媒体，应当按照国家有关规定和防汛抗旱要求，及时播发、刊登水文情报预报，并标明发布机构和发布时间。

第二十三条 信息产业部门应当根据水文工作的需要，按照国家有关规定提供通信保障。

第二十四条 县级以上人民政府水行政主管部门应当根据经济社会的发展要求，会同有关部门组织相关单位开展水资源调查评价工作。

从事水文、水资源调查评价的单位，应当具备下列条件：

（一）具有法人资格和固定的工作场所；

（二）具有与所从事水文活动相适应的专业技术人员；

（三）具有与所从事水文活动相适应的专业技术装备；

（四）具有健全的管理制度；

（五）符合国务院水行政主管部门规定的其他条件。

第四章 资料的汇交保管与使用

第二十五条 国家对水文监测资料实行统一汇交制度。从事地表水和地下水资源、水量、水质监测的单位以及其他从事水文监测的单位，应当按照资料管理权限向有关水文机构汇交监测资料。

重要地下水源地、超采区的地下水资源监测资料和重要引（退）水口、在江河和湖泊设置的排污口、重要断面的监测资料，由从事水文监测的单位向流域管理机构或者省、自治区、直辖市人民政府水行政主管部门直属水文机构汇交。

取用水工程的取（退）水、蓄（泄）水资料，由取用水工程管理单位向工程所在地水文机构汇交。

第二十六条 国家建立水文监测资料共享制度。水文机构应当妥善存储和保管水文监测资料，根据国民经济建设和社会发展需要对水文监测资料进行加工整理形成水文监测成果，予以刊印。国务院水行政主管部门直属的水文机构应当建立国家水文数据库。

基本水文监测资料应当依法公开，水文监测资料属于国家秘密的，对其密级的确定、变更、解密以及对资料的使用、管理，依照国家有关规定执行。

第二十七条 编制重要规划、进行重点项目建设和水资源管理等使用的水文监测资料应当完整、可靠、一致。

第二十八条 国家机关决策和防灾减灾、国防建设、公共安全、环境保护等公益事业需要使用水文监测资料和成果的，应当无偿提供。

除前款规定的情形外，需要使用水文监测资料和成果的，按照国家有关规定收取费用，并实行收支两条线管理。

因经营性活动需要提供水文专项咨询服务的，当事人双方应当签订有偿服务合同，明确双方的权利和义务。

第五章 设施与监测环境保护

第二十九条 国家依法保护水文监测设施。任何单位和个人不得侵占、毁坏、擅自移动或者擅自使用水文监测设施，不得干扰水文监测。

国家基本水文测站因不可抗力遭受破坏的，所在地人民政府和有关水行政主管部门应当采取措施，组织力量修复，确保其正常运行。

第三十条 未经批准，任何单位和个人不得迁移国家基本水文测站；因重大工程建设确需迁移的，建设单位应当在建设项目立项前，报请对该站有管理权限的水行政主管部门批准，所需费用由建设单位承担。

第三十一条　国家依法保护水文监测环境。县级人民政府应当按照国务院水行政主管部门确定的标准划定水文监测环境保护范围，并在保护范围边界设立地面标志。

任何单位和个人都有保护水文监测环境的义务。

第三十二条　禁止在水文监测环境保护范围内从事下列活动：

（一）种植高秆作物、堆放物料、修建建筑物、停靠船只；

（二）取土、挖砂、采石、淘金、爆破和倾倒废弃物；

（三）在监测断面取水、排污或者在过河设备、气象观测场、监测断面的上空架设线路；

（四）其他对水文监测有影响的活动。

第三十三条　在国家基本水文测站上下游建设影响水文监测的工程，建设单位应当采取相应措施，在征得对该站有管理权限的水行政主管部门同意后方可建设。因工程建设致使水文测站改建的，所需费用由建设单位承担。

第三十四条　在通航河道中或者桥上进行水文监测作业时，应当依法设置警示标志。

第三十五条　水文机构依法取得的无线电频率使用权和通信线路使用权受国家保护。任何单位和个人不得挤占、干扰水文机构使用的无线电频率，不得破坏水文机构使用的通信线路。

第六章　法律责任

第三十六条　违反本条例规定，有下列行为之一的，对直接负责的主管人员和其他直接责任人员依法给予处分；构成犯罪的，依法追究刑事责任：

（一）错报水文监测信息造成严重经济损失的；

（二）汛期漏报、迟报水文监测信息的；

（三）擅自发布水文情报预报的；

（四）丢失、毁坏、伪造水文监测资料的；

（五）擅自转让、转借水文监测资料的；

（六）不依法履行职责的其他行为。

第三十七条 未经批准擅自设立水文测站或者未经同意擅自在国家基本水文测站上下游建设影响水文监测的工程的，责令停止违法行为，限期采取补救措施，补办有关手续；无法采取补救措施、逾期不补办或者补办未被批准的，责令限期拆除违法建筑物；逾期不拆除的，强行拆除，所需费用由违法单位或者个人承担。

第三十八条 不符合本条例第二十四条规定的条件从事水文活动的，责令停止违法行为，没收违法所得，并处 5 万元以上 10 万元以下罚款。

第三十九条 违反本条例规定，使用不符合规定的水文专用技术装备和水文计量器具的，责令限期改正。

第四十条 违反本条例规定，有下列行为之一的，责令停止违法行为，处 1 万元以上 5 万元以下罚款：

（一）拒不汇交水文监测资料的；

（二）非法向社会传播水文情报预报，造成严重经济损失和不良影响的。

第四十一条 违反本条例规定，侵占、毁坏水文监测设施或者未经批准擅自移动、擅自使用水文监测设施的，责令停止违法行为，限期恢复原状或者采取其他补救措施，可以处 5 万元以下罚款；构成违反治安管理行为的，依法给予治安管理处罚；构成犯罪的，依法追究刑事责任。

第四十二条　违反本条例规定，从事本条例第三十二条所列活动的，责令停止违法行为，限期恢复原状或者采取其他补救措施，可以处 1 万元以下罚款；构成违反治安管理行为的，依法给予治安管理处罚；构成犯罪的，依法追究刑事责任。

第四十三条　本条例规定的行政处罚，由县级以上人民政府水行政主管部门或者流域管理机构依据职权决定。

第七章　附　则

第四十四条　本条例中下列用语的含义是：

水文监测，是指通过水文站网对江河、湖泊、渠道、水库的水位、流量、水质、水温、泥沙、冰情、水下地形和地下水资源，以及降水量、蒸发量、墒情、风暴潮等实施监测，并进行分析和计算的活动。

水文测站，是指为收集水文监测资料在江河、湖泊、渠道、水库和流域内设立的各种水文观测场所的总称。

国家基本水文测站，是指为公益目的统一规划设立的对江河、湖泊、渠道、水库和流域基本水文要素进行长期连续观测的水文测站。

国家重要水文测站，是指对防灾减灾或者对流域和区域水资源管理等有重要作用的基本水文测站。

专用水文测站，是指为特定目的设立的水文测站。

基本水文监测资料，是指由国家基本水文测站监测并经过整编后的资料。

水文情报预报，是指对江河、湖泊、渠道、水库和其他水体的水文要素实时情况的报告和未来情况的预告。

水文监测设施，是指水文站房、水文缆道、测船、测船码头、监测场地、监测井、监测标志、专用道路、仪器设备、水文通信设施以及附属设施等。

水文监测环境，是指为确保监测到准确水文信息所必需的区域构成的立体空间。

第四十五条 中国人民解放军的水文工作，按照中央军事委员会的规定执行。

第四十六条 本条例自 2007 年 6 月 1 日起施行。

附　录

水文监测环境和设施保护办法

中华人名共和国水利部令

第 43 号

《水文监测环境和设施保护办法》已经 2010 年 12 月 16 日水利部部务会议审议通过，现予公布，自 2011 年 4 月 1 日起施行。

中华人民共和国水利部部长

二〇一一年二月十八日

第一条　为了加强水文监测环境和设施保护，保障水文监测工作正常进行，根据《中华人民共和国水法》和《中华人民共和国水文条例》，制定本办法。

第二条　本办法适用于国家基本水文测站（以下简称水文测站）水文监测环境和设施的保护。

本办法所称水文监测环境，是指为确保准确监测水文信息所必需的区域构成的立体空间。

本办法所称水文监测设施，是指水文站房、水文缆道、测船、测船码头、监测场地、监测井（台）、水尺（桩）、监测标志、专用道路、仪器设备、水文通信设施以及附属设施等。

第三条 国务院水行政主管部门负责全国水文监测环境和设施保护的监督管理工作，其直属的水文机构具体负责组织实施。

国务院水行政主管部门在国家确定的重要江河、湖泊设立的流域管理机构（以下简称流域管理机构），在所管辖范围内按照法律、行政法规和本办法规定的权限，组织实施有关水文监测环境和设施保护的监督管理工作。

省、自治区、直辖市人民政府水行政主管部门负责本行政区域内的水文监测环境和设施保护的监督管理工作，其直属的水文机构接受上级业务主管部门的指导，并在当地人民政府的领导下具体负责组织实施。

第四条 水文监测环境保护范围应当因地制宜，符合有关技术标准，一般按照以下标准划定：

（一）水文监测河段周围环境保护范围：沿河纵向以水文基本监测断面上下游各一定距离为边界，不小于五百米，不大于一千米；沿河横向以水文监测过河索道两岸固定建筑物外二十米为边界，或者根据河道管理范围确定。

（二）水文监测设施周围环境保护范围：以监测场地周围三十米、其他监测设施周围二十米为边界。

第五条 有关流域管理机构或者水行政主管部门应当根据管理权限并按照本办法第四条规定的标准拟定水文监测环境保护范围，报水文监测环境保护范围所在地县级人民政府划定，并在划定的保护范围边界设立地面标志。

第六条 禁止在水文监测环境保护范围内从事下列活动：

（一）种植树木、高秆作物，堆放物料，修建建筑物，停靠船只；

（二）取土、挖砂、采石、淘金、爆破、倾倒废弃物；

（三）在监测断面取水、排污，在过河设备、气象观测场、监测断面的上空架设线路；

（四）埋设管线，设置障碍物，设置渔具、锚锭、锚链，在水尺（桩）上拴系牲畜；

（五）网箱养殖，水生植物种植，烧荒、烧窑、熏肥；

（六）其他危害水文监测设施安全、干扰水文监测设施运行、影响水文监测结果的活动。

第七条　国家依法保护水文监测设施。任何单位和个人不得侵占、毁坏、擅自移动或者擅自使用水文监测设施，不得使用水文通信设施进行与水文监测无关的活动。

第八条　未经批准，任何单位和个人不得迁移水文测站。因重大工程建设确需迁移的，建设单位应当在建设项目立项前，报请对该水文测站有管理权限的流域管理机构或者水行政主管部门批准，所需费用由建设单位承担。

第九条　在水文测站上下游各二十公里（平原河网区上下游各十公里）河道管理范围内，新建、改建、扩建下列工程影响水文监测的，建设单位应当采取相应措施，在征得对该水文测站有管理权限的流域管理机构或者水行政主管部门同意后方可建设：

（一）水工程；

（二）桥梁、码头和其他拦河、跨河、临河建筑物、构筑物，或者铺设跨河管道、电缆；

（三）取水、排污等其他可能影响水文监测的工程。

因工程建设致使水文测站改建的，所需费用由建设单位承担，水文测站改建后应不低于原标准。

第十条　建设本办法第九条规定的工程，建设单位应当向有关流域管理机构或者水行政主管部门提出申请，并提交下列材料：

（一）在水文测站上下游建设影响水文监测工程申请书；

（二）具有相应等级水文水资源调查评价资质的单位编制的建设工程对水文监测影响程度的分析评价报告；

（三）补救措施和费用估算；

（四）工程施工计划；

（五）审批机关要求的其他材料。

第十一条　有关流域管理机构或者水行政主管部门对受理的在水文测站上下游建设影响水文监测工程的申请，应当依据有关法律、法规以及技术标准进行审查，自受理申请之日起二十日内作出行政许可决定。对符合下列条件的，作出同意的决定，向建设单位颁发审查同意文件：

（一）对水文监测影响程度的分析评价真实、准确；

（二）建设单位采取的措施切实可行；

（三）工程对水文监测的影响较小或者可以通过建设单位采取的措施补救。

第十二条　水文测站因不可抗力遭受破坏的，所在地人民政府和有关水行政主管部门、流域管理机构应当采取措施，组织力量修复，确保其正常运行。

第十三条　在通航河道中或者桥上进行水文监测作业时，应当依法设置警示标志，过往船只、排筏、车辆应当减速、避让。航行的船只，不得损坏水文测船、浮艇、潮位计、水位监测井（台）、水尺、过河缆道、水下电缆等水文监测设施和设备。

水文监测专用车辆、船只应当设置统一的标志。

第十四条　水文机构依法取得的无线电频率使用权和通信

线路使用权受国家保护。任何单位和个人不得挤占、干扰水文机构使用的无线电频率，不得破坏水文机构使用的通信线路。

第十五条 水文监测环境和设施遭受人为破坏影响水文监测的，水文机构应当及时告知有关地方人民政府水行政主管部门。被告知的水行政主管部门应当采取措施确保水文监测正常进行；必要时，应当向本级人民政府汇报，提出处置建议。该水行政主管部门应当及时将处置情况书面告知水文机构。

第十六条 新建、改建、扩建水文测站所需用地，由对该水文测站有管理权限的流域管理机构或者水行政主管部门报请水文测站所在地县级以上人民政府土地行政主管部门，依据水文测站用地标准合理确定，依法办理用地审批手续。已有水文测站用地应当按照有关法律、法规的规定进行确权划界，办理土地使用证书。

第十七条 国家工作人员违反本办法规定，在水文监测环境和设施保护工作中玩忽职守、滥用职权的，按照法律、法规的有关规定予以处理。

第十八条 违反本办法第六条、第七条、第九条规定的，分别依照《中华人民共和国水文条例》第四十三条、第四十二条和第三十七条的规定给予处罚。

第十九条 专用水文测站的水文监测环境和设施保护可以参照本办法执行。

第二十条 本办法自 2011 年 4 月 1 日起施行。

饮用水水源保护区污染防治管理规定

（国家环境保护局、卫生部、建设部、水利部地质矿产部 1989 年 7 月 10 日发布；2010 年 12 月 22 日根据《关于废止、修改部分环保部门规章和规范性文件的决定》修订）

第一章　总　则

第一条　为保障人民身体健康和经济建设发展，必须保护好饮用水水源。根据《中华人民共和国水污染防治法》特制定本规定。

第二条　本规定适用于全国所有集中式供水的饮用水地表水源和地下水源的污染防治管理。

第三条　按照不同的水质标准和防护要求分级划分饮用水水源保护区。饮用水水源保护区一般划分为一级保护区和二级保护区，必要时可增设准保护区。各级保护区应有明确的地理界线。

第四条　饮用水水源各级保护区及准保护区均应规定明确的水质标准并限期达标。

第五条　饮用水水源保护区的设置和污染防治应纳入当地的经济和社会发展规划和水污染防治规划。跨地区的饮用水水源保护区的设置和污染治理应纳入有关流域、区域、城市的经济和社会发展规划和水污染防治规划。

第六条　跨地区的河流、湖泊、水库、输水渠道，其上游地区不得影响下游饮用水水源保护区对水质标准的要求。

第二章　饮用水地表水源保护区的划分和防护

第七条　饮用水地表水源保护区包括一定的水域和陆域，其范围应按照不同水域特点进行水质定量预测并考虑当地具体条件加以确定，保证在规划设计的水文条件和污染负荷下，供应规划水量时，保护区的水质能满足相应的标准。

第八条　在饮用水地表水源取水口附近划定一定的水域和陆域作为饮用水地表水源一级保护区。一级保护区的水质标准不得低于国家规定的《地表水环境质量标准》Ⅱ类标准，并须符合国家规定的《生活饮用水卫生标准》的要求。

第九条　在饮用水地表水源一级保护区外划定一定水域和陆域作为饮用水地表水源二级保护区。二级保护区的水质标准不得低于国家规定的《地表水环境质量标准》Ⅲ类标准，应保证一级保护区的水质能满足规定的标准。

第十条　根据需要可在饮用水地表水源二级保护区外划定一定的水域及陆域作为饮用水地表水源准保护区。准保护区的水质标准应保证二级保护区的水质能满足规定的标准。

第十一条　饮用水地表水源各级保护区及准保护区内均必须遵守下列规定：

一、禁止一切破坏水环境生态平衡的活动以及破坏水源林、护岸林、与水源保护相关植被的活动。

二、禁止向水域倾倒工业废渣、城市垃圾、粪便及其它废弃物。

三、运输有毒有害物质、油类、粪便的船舶和车辆一般不准进入保护区，必须进入者应事先申请并经有关部门批准、登记并设置防渗、防溢、防漏设施。

四、禁止使用剧毒和高残留农药，不得滥用化肥，不得使用炸药、毒品捕杀鱼类。

第十二条 饮用水地表水源各级保护区及准保护区内必须分别遵守下列规定：

一、一级保护区内

禁止新建、扩建与供水设施和保护水源无关的建设项目；

禁止向水域排放污水，已设置的排污口必须拆除；

不得设置与供水需要无关的码头，禁止停靠船舶；

禁止堆置和存放工业废渣、城市垃圾、粪便和其他废弃物；

禁止设置油库；

禁止从事种植、放养畜禽和网箱养殖活动；

禁止可能污染水源的旅游活动和其他活动。

二、二级保护区内

禁止新建、改建、扩建排放污染物的建设项目；

原有排污口依法拆除或者关闭；

禁止设立装卸垃圾、粪便、油类和有毒物品的码头。

三、准保护区内

禁止新建、扩建对水体污染严重的建设项目；改建建设项目，不得增加排污量。

第三章 饮用水地下水源保护区的划分和防护

第十三条 饮用水地下水源保护区应根据饮用水水源地所处的地理位置、水文地质条件、供水的数量、开采方式和污染源的分布划定。

第十四条 饮用水地下水源保护区的水质均应达到国家规定的《生活饮用水卫生标准》的要求。

各级地下水源保护区的范围应根据当地的水文地质条件确定，并保证开采规划水量时能达到所要求的水质标准。

第十五条 饮用水地下水源一级保护区位于开采井的周围，其作用是保证集水有一定滞后时间，以防止一般病原菌的污染。直接影响开采井水质的补给区地段，必要时也可划为一级保护区。

第十六条 饮用水地下水源二级保护区位于饮用水地下水源一级保护区外，其作用是保证集水有足够的滞后时间，以防止病原菌以外的其它污染。

第十七条 饮用水地下水源准保护区位于饮用水地下水源二级保护区外的主要补给区，其作用是保护水源地的补给水源水量和水质。

第十八条 饮用水地下水源各级保护区及准保护区内均必须遵守下列规定：

一、禁止利用渗坑、渗井、裂隙、溶洞等排放污水和其它有害废弃物。

二、禁止利用透水层孔隙、裂隙、溶洞及废弃矿坑储存石油、天然气、放射性物质、有毒有害化工原料、农药等。

三、实行人工回灌地下水时不得污染当地地下水源。

第十九条 饮用水地下水源各级保护区及准保护区内必须遵守下列规定：

一、一级保护区内

禁止建设与取水设施无关的建筑物；

禁止从事农牧业活动；

禁止倾倒、堆放工业废渣及城市垃圾、粪便和其它有害废弃物；

禁止输送污水的渠道、管道及输油管道通过本区；

禁止建设油库；

禁止建立墓地。

二、二级保护区内

（一）对于潜水含水层地下水水源地

禁止建设化工、电镀、皮革、造纸、制浆、冶炼、放射性、印染、染料、炼焦、炼油及其它有严重污染的企业，已建成的要限期治理，转产或搬迁；禁止设置城市垃圾、粪便和易溶、有毒有害废弃物堆放场和转运站，已有的上述场站要限期搬迁；禁止利用未经净化的污水灌溉农田，已有的污灌农田要限期改用清水灌溉；化工原料、矿物油类及有毒有害矿产品的堆放场所必须有防雨、防渗措施。

（二）对于承压含水层地下水水源地

禁止承压水和潜水的混合开采，作好潜水的止水措施。

三、准保护区内

禁止建设城市垃圾、粪便和易溶、有毒有害废弃物的堆放场站，因特殊需要设立转运站的，必须经有关部门批准，并采取防渗漏措施；当补给源为地表水体时，该地表水体水质不应低于《地表水环境质量标准》Ⅲ类标准；不得使用不符合《农田灌溉水质标准》的污水进行灌溉，合理使用化肥；保护水源林，禁止毁林开荒，禁止非更新砍伐水源林。

第四章　饮用水水源保护区污染
防治的监督管理

第二十条　各级人民政府的环境保护部门会同有关部门作好饮用水水源保护区的污染防治工作并根据当地人民政府的要求制定和颁布地方饮用水水源保护区污染防治管理规定。

第二十一条　饮用水水源保护区的划定，由有关市、县人民政府提出划定方案，报省、自治区、直辖市人民政府批准；跨市、县饮用水水源保护区的划定，由有关市、县人民政府协商提出划定方案，报省、自治区、直辖市人民政府批准；协商不成的，由省、自治区、直辖市人民政府环境保护主管部门会同同级水行政、国土资源、卫生、建设等部门提出划定方案，征求同级有关部门的意见后，报省、自治区、直辖市人民政府批准。

跨省、自治区、直辖市的饮用水水源保护区，由有关省、自治区、直辖市人民政府商有关流域管理机构划定；协商不成的，由国务院环境保护主管部门会同同级水行政、国土资源、卫生、建设等部门提出划定方案，征求国务院有关部门的意见后，报国务院批准。

国务院和省、自治区、直辖市人民政府可以根据保护饮用水水源的实际需要，调整饮用水水源保护区的范围，确保饮用水安全。

第二十二条　环境保护、水利、地质矿产、卫生、建设等部门应结合各自的职责，对饮用水水源保护区污染防治实施监督管理。

第二十三条 因突发性事故造成或可能造成饮用水水源污染时，事故责任者应立即采取措施消除污染并报告当地城市供水、卫生防疫、环境保护、水利、地质矿产等部门和本单位主管部门。由环境保护部门根据当地人民政府的要求组织有关部门调查处理，必要时经当地人民政府批准后采取强制性措施以减轻损失。

第五章 奖励与惩罚

第二十四条 对执行本规定保护饮用水水源有显著成绩和贡献的单位或个人给予表扬和奖励。奖励办法由市级以上（含市级）环境保护部门制定，报经当地人民政府批准实施。

第二十五条 对违反本规定的单位或个人，应根据《中华人民共和国水污染防治法》及其实施细则的有关规定进行处罚。

第六章 附 则

第二十六条 本规定由国家环境保护部门负责解释。

第二十七条 本规定自公布之日起实施。

中华人民共和国城市供水条例

（1994 年 7 月 19 日国务院令第 158 号发布）

第一章　总　则

第一条　为了加强城市供水管理，发展城市供水事业，保障城市生活、生产用水和其他各项建设用水，制定本条例。

第二条　本条例所称城市供水，是指城市公共供水和自建设施供水。

本条例所称城市公共供水，是指城市自来水供水企业以公共供水管道及其附属设施向单位和居民的生活、生产和其他各项建设提供用水。

本条例所称自建设施供水，是指城市的用水单位以其自行建设的供水管道及其附属设施主要向本单位的生活、生产和其他各项建设提供用水。

第三条　从事城市供水工作和使用城市供水，必须遵守本条例。

第四条　城市供水工作实行开发水源和计划用水、节约用水相结合的原则。

第五条　县级以上人民政府应当将发展城市供水事业纳入国民经济和社会发展计划。

第六条　国家实行有利于城市供水事业发展的政策，鼓励城市供水科学技术研究，推广先进技术，提高城市供水的现代化水平。

第七条　国务院城市建设行政主管部门主管全国城市供水工作。

省、自治区人民政府城市建设行政主管部门主管本行政区域内的城市供水工作。

县级以上城市人民政府确实的城市供水行政主管部门（以下简称城市供水行政主管部门）主管本行政区域内的城市供水工作。

第八条　对在城市供水工作中作出显著成绩的单位和个人，给予奖励。

第二章　城市供水水源

第九条　县级以上城市人民政府应当组织城市规划行政主管部门、水行政主管部门、城市供水行政主管部门和地质矿产行政主管部门等共同编制城市供水水源开发利用规划，作为城市供水发展规划的组成部门，纳入城市总体规划。

第十条　编制城市供水水源开发利用规划，应当从城市发展的需要出发，并与水资源统筹规划和水长期供求计划相协调。

第十一条　编制城市供水水源开发利用规划，应当根据当地情况，合理安排利用地表水和地下水。

第十二条　编制城市供水水源开发利用规划，应当优先保证城市生活用水,统筹兼顾工业用水和其他各项建设用水。

第十三条　县级以上地方人民政府环境保护部门应当会同城市供水行政主管部门、水行政主管部门和卫生行政主管部门等共同划定饮用水水源保护区,经本级人民政府批准后公布;划定跨省、市、县的饮用水水源保护区,应当由有关人民政府共同商定并经其共同的上级人民政府批准后公布。

第十四条　在饮用水水源保护区内,禁止一切污染水质的活动。

第三章　城市供水工程建设

第十五条　城市供水工程的建设,应当按照城市供水发展规划及其年度建设计划进行。

第十六条　城市供水工程的设计、施工,应当委托持有相应资质证书的设计、施工单位承担,并遵守国家有关技术标准和规范。禁止无证或者超越资质证书规定的经营范围承担城市供水工程的设计、施工任务。

第十七条　城市供水工程竣工后,应当按照国家规定组织验收;未经验收或者验收不合格的,不得投入使用。

第十八条　城市新建、扩建、改建工程项目需要增加用水的,其工程项目总概算应当包括供水工程建设投资;需要增加城市公共供水量的,应当将其供水工程建设投资交付城市供水行政主管部门,由其统一组织城市公共供水工程建设。

第四章　城市供水经营

第十九条　城市自来水供水企业和自建设施对外供水的企

业，必须经资质审查合格并经工商行政管理机关登记注册后，方可从事经营活动。资质审查办法由国务院城市建设行政主管部门规定。

第二十条　城市自来水供水企业和自建设施对外供水的企业，应当建立、健全水质检测制度，确保城市供水的水质符合国家规定的饮用水卫生标准。

第二十一条　城市自来水供水企业和自建设设施对外供水的企业，应当按照国家有关规定设置管网测压点，做好水压监测工作，确保供水管网的压力符合国家规定的标准。

禁止在城市公共供水管道上直接装泵抽水。

第二十二条　城市自来水供水企业和自建设施对外供水的企业应当保持不间断供水。由于工程施工、设备维修等原因确需停止供水的，应当经城市供水行政主管部门批准并提前 24 小时通知用水单位和个人；因发生灾害或者紧急事故，不能提前通知的，应当在抢修的同时通知用水单位和个人，尽快恢复正常供水，并报告城市供水行政主管部门。

第二十三条　城市自来水供水企业和自建设施对外供水的企业应当实行职工持证上岗制度。具体办法由国务院城市建设行政主管部门会同人事部门等制定。

第二十四条　用水单位和个人应当按照规定的计量标准和水价标准按时缴纳水费。

第二十五条　禁止盗用或者转供城市公共供水。

第二十六条　城市供水价格应当按照生活用水保本微利、生产和经营用水合理计价的原则制定。

城市供水价格制定办法，由省、自治区、直辖市人民政府规定。

第五章　城市供水设施维护

第二十七条　城市自来水供水企业和自建设施供水的企业对其管理的城市供水的专用水库、引水渠道、取水口、泵站、井群、输（配）水管网、进户总水表、净（配）水厂、公用水站等设施，应当定期检查维修，确保安全运行。

第二十八条　用水单位自行建设的与城市公共供水管道连接的户外管道及其附属设施，必须经城市自来水供水企业验收合格并交其统一管理后，方可使用。

第二十九条　在规定的城市公共供水管道及其附属设施的地面和地下的安全保护范围内，禁止挖坑取土或者修建建筑物、构筑物等危害供水设施安全的活动。

第三十条　因工程建设确需改装、拆除或者迁移城市公共供水设施的，建设单位应当报经县级以上人民政府城市规划行政主管部门和城市供水行政主管部门批准，并采取相应的补救措施。

第三十一条　涉及城市公共供水设施的建设工程开工前，建设单位或者施工单位应当向城市自来水供水企业查明地下供水管网情况。施工影响城市公共供水设施安全的，建设单位或者施工单位应当与城市自来水供水企业商定相应的保护措施，由施工单位负责实施。

第三十二条　禁止擅自将自建设施供水管网系统与城市公共供水管网系统连接；因特殊情况确需连接的，必须经城市自来水供水企业同意，报城市供水行政主管部门和卫生行政主管部门批准，并在管道连接处采取必要的防护措施。

禁止产生或者使用有毒有害物质的单位将其生产用水管网系统与城市公共供水管网系统直接连接。

第六章　罚　则

第三十三条　城市自来水供水企业或者自建设施对外供水的企业有下列行为之一的，由城市供水行政主管部门责令改正，可以处以罚款；情节严重的，报经县级以上人民政府批准，可以责令停业整顿；对负有直接责任的主管人员和其他直接责任人员，其所在单位或者上级机关可以给予行政处分。

（一）供水水质、水压不符合国家规定标准的；

（二）擅自停止供水或者未履行停水通知义务的；

（三）未按照规定检修供水设施或者在供水设施发生故障后未及时抢修的。

第三十四条　违反本条例规定，有下列行为之一的，由城市供水行政主管部门责令停止违法行为，可以处以罚款；对负有直接责任的主管人员和其他直接责任人员，其所在单位或者上级机关可以给予行政处分：

（一）无证或者超越资质证书规定的经营范围进行城市供水工程的设计或者施工的；

（二）未按国家规定的技术标准和规范进行城市供水工程的设计或者施工的；

（三）违反城市供水发展规划及其年度建设计划兴建城市供水工程的。

第三十五条　违反本条例规定，有下列行为之一的，由城市供水行政主管部门或者其授权的单位责令限期改正，可以处以罚款：

（一）未按规定缴纳水费的；

（二）盗用或者转供城市公共供水的；

（三）在规定的城市公共供水管道及其附属设施的安全保护范围内进行危害供水设施安全活动的；

（四）擅自将自建设施供水管网系统与城市公共供水管网系统连接的；

（五）产生或者使用有毒有害物质的单位将其生产用水管网系统与城市公共供水管网系统直接连接的；

（六）在城市公共供水管道上直接装泵抽水的；

（七）擅自拆除、改装或者迁移城市公共供水设施的。

有前款第（一）项、第（二）项、第（四）项、第（五）项、第（六）项、第（七）项所列行为之一，情节严重的，经县级以上人民政府批准，还可以在一定时间内停止供水。

第三十六条 建设工程施工危害城市公共供水设施的，由城市供水行政主管部门责令停止危害活动；造成损失的，由责任方依法赔偿损失；对负有直接责任的主管人员和其他直接责任人员，其所在单位或者上级机关可以给予行政处分。

第三十七条 城市供水行政主管部门的工作人员玩忽职守、滥用职权、徇私舞弊的，由其所在单位或者上级机关给予行政处分；构成犯罪的，依法追究刑事责任。

第七章　附　则

第三十八条 本条例第三十三条、第三十四条、第三十五条规定的罚款数额由省、自治区、直辖市人民政府规定。

第三十九条 本条例自 1994 年 10 月 1 日起施行。

中华人民共和国水污染防治法

中华人民共和国主席令

第七十号

《全国人民代表大会常务委员会关于修改〈中华人民共和国水污染防治法〉的决定》已由中华人民共和国第十二届全国人民代表大会常务委员会第二十八次会议于 2017 年 6 月 27 日通过，现予公布，自 2018 年 1 月 1 日起施行。

中华人民共和国主席　习近平

2017 年 6 月 27 日

（1984 年 5 月 11 日第六届全国人民代表大会常务委员会第五次会议通过；根据 1996 年 5 月 15 日第八届全国人民代表大会常务委员会第十九次会议《关于修改〈中华人民共和国水污染防治法〉的决定》第一次修正；根据 2008 年 2 月 28 日第十届全国人民代表大会常务委员会第三十二次会议修订；根据 2017 年 6 月 27

日第十二届全国人民代表大会常务委员会第二十八次
会议《关于修改〈中华人民共和国水污染防治法〉的
决定》第二次修正)

第一章 总 则

第一条 为了保护和改善环境，防治水污染，保护水生态，保障饮用水安全，维护公众健康，推进生态文明建设，促进经济社会可持续发展，制定本法。

第二条 本法适用于中华人民共和国领域内的江河、湖泊、运河、渠道、水库等地表水体以及地下水体的污染防治。

海洋污染防治适用《中华人民共和国海洋环境保护法》。

第三条 水污染防治应当坚持预防为主、防治结合、综合治理的原则，优先保护饮用水水源，严格控制工业污染、城镇生活污染，防治农业面源污染，积极推进生态治理工程建设，预防、控制和减少水环境污染和生态破坏。

第四条 县级以上人民政府应当将水环境保护工作纳入国民经济和社会发展规划。

地方各级人民政府对本行政区域的水环境质量负责，应当及时采取措施防治水污染。

第五条 省、市、县、乡建立河长制，分级分段组织领导本行政区域内江河、湖泊的水资源保护、水域岸线管理、水污染防治、水环境治理等工作。

第六条 国家实行水环境保护目标责任制和考核评价制度，将水环境保护目标完成情况作为对地方人民政府及其负责人考核评价的内容。

第七条 国家鼓励、支持水污染防治的科学技术研究和先进适用技术的推广应用，加强水环境保护的宣传教育。

第八条 国家通过财政转移支付等方式，建立健全对位于饮用水水源保护区区域和江河、湖泊、水库上游地区的水环境生态保护补偿机制。

第九条 县级以上人民政府环境保护主管部门对水污染防治实施统一监督管理。

交通主管部门的海事管理机构对船舶污染水域的防治实施监督管理。

县级以上人民政府水行政、国土资源、卫生、建设、农业、渔业等部门以及重要江河、湖泊的流域水资源保护机构，在各自的职责范围内，对有关水污染防治实施监督管理。

第十条 排放水污染物，不得超过国家或者地方规定的水污染物排放标准和重点水污染物排放总量控制指标。

第十一条 任何单位和个人都有义务保护水环境，并有权对污染损害水环境的行为进行检举。

县级以上人民政府及其有关主管部门对在水污染防治工作中做出显著成绩的单位和个人给予表彰和奖励。

第二章 水污染防治的标准和规划

第十二条 国务院环境保护主管部门制定国家水环境质量标准。

省、自治区、直辖市人民政府可以对国家水环境质量标准中未作规定的项目，制定地方标准，并报国务院环境保护主管部门备案。

第十三条 国务院环境保护主管部门会同国务院水行政主管部门和有关省、自治区、直辖市人民政府，可以根据国家确定的重要江河、湖泊流域水体的使用功能以及有关地区的经济、技术条件，确定该重要江河、湖泊流域的省界水体适用的水环境质量标准，报国务院批准后施行。

第十四条 国务院环境保护主管部门根据国家水环境质量标准和国家经济、技术条件，制定国家水污染物排放标准。

省、自治区、直辖市人民政府对国家水污染物排放标准中未作规定的项目，可以制定地方水污染物排放标准；对国家水污染物排放标准中已作规定的项目，可以制定严于国家水污染物排放标准的地方水污染物排放标准。地方水污染物排放标准须报国务院环境保护主管部门备案。

向已有地方水污染物排放标准的水体排放污染物的，应当执行地方水污染物排放标准。

第十五条 国务院环境保护主管部门和省、自治区、直辖市人民政府，应当根据水污染防治的要求和国家或者地方的经济、技术条件，适时修订水环境质量标准和水污染物排放标准。

第十六条 防治水污染应当按流域或者按区域进行统一规划。国家确定的重要江河、湖泊的流域水污染防治规划，由国务院环境保护主管部门会同国务院经济综合宏观调控、水行政等部门和有关省、自治区、直辖市人民政府编制，报国务院批准。

前款规定外的其他跨省、自治区、直辖市江河、湖泊的流域水污染防治规划，根据国家确定的重要江河、湖泊的流域水污染防治规划和本地实际情况，由有关省、自治区、直辖市人民政府环境保护主管部门会同同级水行政等部门和有关市、县人民政府编制，经有关省、自治区、直辖市人民政府审核，报国务院批准。

省、自治区、直辖市内跨县江河、湖泊的流域水污染防治规划，根据国家确定的重要江河、湖泊的流域水污染防治规划和本地实际情况，由省、自治区、直辖市人民政府环境保护主管部门会同同级水行政等部门编制，报省、自治区、直辖市人民政府批准，并报国务院备案。

经批准的水污染防治规划是防治水污染的基本依据，规划的修订须经原批准机关批准。

县级以上地方人民政府应当根据依法批准的江河、湖泊的流域水污染防治规划，组织制定本行政区域的水污染防治规划。

第十七条 有关市、县级人民政府应当按照水污染防治规划确定的水环境质量改善目标的要求，制定限期达标规划，采取措施按期达标。

有关市、县级人民政府应当将限期达标规划报上一级人民政府备案，并向社会公开。

第十八条 市、县级人民政府每年在向本级人民代表大会或者其常务委员会报告环境状况和环境保护目标完成情况时，应当报告水环境质量限期达标规划执行情况，并向社会公开。

第三章 水污染防治的监督管理

第十九条 新建、改建、扩建直接或者间接向水体排放污染物的建设项目和其他水上设施，应当依法进行环境影响评价。

建设单位在江河、湖泊新建、改建、扩建排污口的，应当取得水行政主管部门或者流域管理机构同意；涉及通航、渔业水域的，环境保护主管部门在审批环境影响评价文件时，应当征求交通、渔业主管部门的意见。

建设项目的水污染防治设施，应当与主体工程同时设计、同时施工、同时投入使用。水污染防治设施应当符合经批准或者备案的环境影响评价文件的要求。

第二十条 国家对重点水污染物排放实施总量控制制度。

重点水污染物排放总量控制指标，由国务院环境保护主管部门在征求国务院有关部门和各省、自治区、直辖市人民政府意见后，会同国务院经济综合宏观调控部门报国务院批准并下达实施。

省、自治区、直辖市人民政府应当按照国务院的规定削减和控制本行政区域的重点水污染物排放总量。具体办法由国务院环境保护主管部门会同国务院有关部门规定。

省、自治区、直辖市人民政府可以根据本行政区域水环境质量状况和水污染防治工作的需要，对国家重点水污染物之外的其他水污染物排放实行总量控制。

对超过重点水污染物排放总量控制指标或者未完成水环境质量改善目标的地区，省级以上人民政府环境保护主管部门应当会同有关部门约谈该地区人民政府的主要负责人，并暂停审批新增重点水污染物排放总量的建设项目的环境影响评价文件。约谈情况应当向社会公开。

第二十一条 直接或者间接向水体排放工业废水和医疗污水以及其他按照规定应当取得排污许可证方可排放的废水、污水的企业事业单位和其他生产经营者，应当取得排污许可证；城镇污水集中处理设施的运营单位，也应当取得排污许可证。排污许可证应当明确排放水污染物的种类、浓度、总量和排放去向等要求。排污许可的具体办法由国务院规定。

禁止企业事业单位和其他生产经营者无排污许可证或者违反排污许可证的规定向水体排放前款规定的废水、污水。

第二十二条 向水体排放污染物的企业事业单位和其他生

产经营者，应当按照法律、行政法规和国务院环境保护主管部门的规定设置排污口；在江河、湖泊设置排污口的，还应当遵守国务院水行政主管部门的规定。

第二十三条 实行排污许可管理的企业事业单位和其他生产经营者应当按照国家有关规定和监测规范，对所排放的水污染物自行监测，并保存原始监测记录。重点排污单位还应当安装水污染物排放自动监测设备，与环境保护主管部门的监控设备联网，并保证监测设备正常运行。具体办法由国务院环境保护主管部门规定。

应当安装水污染物排放自动监测设备的重点排污单位名录，由设区的市级以上地方人民政府环境保护主管部门根据本行政区域的环境容量、重点水污染物排放总量控制指标的要求以及排污单位排放水污染物的种类、数量和浓度等因素，商同级有关部门确定。

第二十四条 实行排污许可管理的企业事业单位和其他生产经营者应当对监测数据的真实性和准确性负责。

环境保护主管部门发现重点排污单位的水污染物排放自动监测设备传输数据异常，应当及时进行调查。

第二十五条 国家建立水环境质量监测和水污染物排放监测制度。国务院环境保护主管部门负责制定水环境监测规范，统一发布国家水环境状况信息，会同国务院水行政等部门组织监测网络，统一规划国家水环境质量监测站（点）的设置，建立监测数据共享机制，加强对水环境监测的管理。

第二十六条 国家确定的重要江河、湖泊流域的水资源保护工作机构负责监测其所在流域的省界水体的水环境质量状况，并将监测结果及时报国务院环境保护主管部门和国务院水行政主管部门；有经国务院批准成立的流域水资源保护领导机构的，应当将监测结果及时报告流域水资源保护领导机构。

第二十七条　国务院有关部门和县级以上地方人民政府开发、利用和调节、调度水资源时，应当统筹兼顾，维持江河的合理流量和湖泊、水库以及地下水体的合理水位，保障基本生态用水，维护水体的生态功能。

第二十八条　国务院环境保护主管部门应当会同国务院水行政等部门和有关省、自治区、直辖市人民政府，建立重要江河、湖泊的流域水环境保护联合协调机制，实行统一规划、统一标准、统一监测、统一的防治措施。

第二十九条　国务院环境保护主管部门和省、自治区、直辖市人民政府环境保护主管部门应当会同同级有关部门根据流域生态环境功能需要，明确流域生态环境保护要求，组织开展流域环境资源承载能力监测、评价，实施流域环境资源承载能力预警。

县级以上地方人民政府应当根据流域生态环境功能需要，组织开展江河、湖泊、湿地保护与修复，因地制宜建设人工湿地、水源涵养林、沿河沿湖植被缓冲带和隔离带等生态环境治理与保护工程，整治黑臭水体，提高流域环境资源承载能力。

从事开发建设活动，应当采取有效措施，维护流域生态环境功能，严守生态保护红线。

第三十条　环境保护主管部门和其他依照本法规定行使监督管理权的部门，有权对管辖范围内的排污单位进行现场检查，被检查的单位应当如实反映情况，提供必要的资料。检查机关有义务为被检查的单位保守在检查中获取的商业秘密。

第三十一条　跨行政区域的水污染纠纷，由有关地方人民政府协商解决，或者由其共同的上级人民政府协调解决。

第四章 水污染防治措施

第一节 一般规定

第三十二条 国务院环境保护主管部门应当会同国务院卫生主管部门，根据对公众健康和生态环境的危害和影响程度，公布有毒有害水污染物名录，实行风险管理。

排放前款规定名录中所列有毒有害水污染物的企业事业单位和其他生产经营者，应当对排污口和周边环境进行监测，评估环境风险，排查环境安全隐患，并公开有毒有害水污染物信息，采取有效措施防范环境风险。

第三十三条 禁止向水体排放油类、酸液、碱液或者剧毒废液。

禁止在水体清洗装贮过油类或者有毒污染物的车辆和容器。

第三十四条 禁止向水体排放、倾倒放射性固体废物或者含有高放射性和中放射性物质的废水。

向水体排放含低放射性物质的废水，应当符合国家有关放射性污染防治的规定和标准。

第三十五条 向水体排放含热废水，应当采取措施，保证水体的水温符合水环境质量标准。

第三十六条 含病原体的污水应当经过消毒处理；符合国家有关标准后，方可排放。

第三十七条 禁止向水体排放、倾倒工业废渣、城镇垃圾和其他废弃物。

禁止将含有汞、镉、砷、铬、铅、氰化物、黄磷等的可溶性剧毒废渣向水体排放、倾倒或者直接埋入地下。

存放可溶性剧毒废渣的场所，应当采取防水、防渗漏、防流失的措施。

第三十八条 禁止在江河、湖泊、运河、渠道、水库最高水位线以下的滩地和岸坡堆放、存贮固体废弃物和其他污染物。

第三十九条 禁止利用渗井、渗坑、裂隙、溶洞，私设暗管，篡改、伪造监测数据，或者不正常运行水污染防治设施等逃避监管的方式排放水污染物。

第四十条 化学品生产企业以及工业集聚区、矿山开采区、尾矿库、危险废物处置场、垃圾填埋场等的运营、管理单位，应当采取防渗漏等措施，并建设地下水水质监测井进行监测，防止地下水污染。

加油站等的地下油罐应当使用双层罐或者采取建造防渗池等其他有效措施，并进行防渗漏监测，防止地下水污染。

禁止利用无防渗漏措施的沟渠、坑塘等输送或者存贮含有毒污染物的废水、含病原体的污水和其他废弃物。

第四十一条 多层地下水的含水层水质差异大的，应当分层开采；对已受污染的潜水和承压水，不得混合开采。

第四十二条 兴建地下工程设施或者进行地下勘探、采矿等活动，应当采取防护性措施，防止地下水污染。

报废矿井、钻井或者取水井等，应当实施封井或者回填。

第四十三条 人工回灌补给地下水，不得恶化地下水质。

第二节 工业水污染防治

第四十四条 国务院有关部门和县级以上地方人民政府应当合理规划工业布局，要求造成水污染的企业进行技术改造，采取综合防治措施，提高水的重复利用率，减少废水和污染物排放量。

第四十五条 排放工业废水的企业应当采取有效措施，收集和处理产生的全部废水，防止污染环境。含有毒有害水污染物的工业废水应当分类收集和处理，不得稀释排放。

工业集聚区应当配套建设相应的污水集中处理设施，安装自动监测设备，与环境保护主管部门的监控设备联网，并保证监测设备正常运行。

向污水集中处理设施排放工业废水的，应当按照国家有关规定进行预处理，达到集中处理设施处理工艺要求后方可排放。

第四十六条 国家对严重污染水环境的落后工艺和设备实行淘汰制度。

国务院经济综合宏观调控部门会同国务院有关部门，公布限期禁止采用的严重污染水环境的工艺名录和限期禁止生产、销售、进口、使用的严重污染水环境的设备名录。

生产者、销售者、进口者或者使用者应当在规定的期限内停止生产、销售、进口或者使用列入前款规定的设备名录中的设备。工艺的采用者应当在规定的期限内停止采用列入前款规定的工艺名录中的工艺。

依照本条第二款、第三款规定被淘汰的设备，不得转让给他人使用。

第四十七条 国家禁止新建不符合国家产业政策的小型造纸、制革、印染、染料、炼焦、炼硫、炼砷、炼汞、炼油、电镀、农药、石棉、水泥、玻璃、钢铁、火电以及其他严重污染水环境的生产项目。

第四十八条 企业应当采用原材料利用效率高、污染物排放量少的清洁工艺，并加强管理，减少水污染物的产生。

第三节　城镇水污染防治

第四十九条　城镇污水应当集中处理。

县级以上地方人民政府应当通过财政预算和其他渠道筹集资金，统筹安排建设城镇污水集中处理设施及配套管网，提高本行政区域城镇污水的收集率和处理率。

国务院建设主管部门应当会同国务院经济综合宏观调控、环境保护主管部门，根据城乡规划和水污染防治规划，组织编制全国城镇污水处理设施建设规划。县级以上地方人民政府组织建设、经济综合宏观调控、环境保护、水行政等部门编制本行政区域的城镇污水处理设施建设规划。县级以上地方人民政府建设主管部门应当按照城镇污水处理设施建设规划，组织建设城镇污水集中处理设施及配套管网，并加强对城镇污水集中处理设施运营的监督管理。

城镇污水集中处理设施的运营单位按照国家规定向排污者提供污水处理的有偿服务，收取污水处理费用，保证污水集中处理设施的正常运行。收取的污水处理费用应当用于城镇污水集中处理设施的建设运行和污泥处理处置，不得挪作他用。

城镇污水集中处理设施的污水处理收费、管理以及使用的具体办法，由国务院规定。

第五十条　向城镇污水集中处理设施排放水污染物，应当符合国家或者地方规定的水污染物排放标准。

城镇污水集中处理设施的运营单位，应当对城镇污水集中处理设施的出水水质负责。

环境保护主管部门应当对城镇污水集中处理设施的出水水质和水量进行监督检查。

第五十一条　城镇污水集中处理设施的运营单位或者污泥

处理处置单位应当安全处理处置污泥，保证处理处置后的污泥符合国家标准，并对污泥的去向等进行记录。

第四节　农业和农村水污染防治

第五十二条　国家支持农村污水、垃圾处理设施的建设，推进农村污水、垃圾集中处理。

地方各级人民政府应当统筹规划建设农村污水、垃圾处理设施，并保障其正常运行。

第五十三条　制定化肥、农药等产品的质量标准和使用标准，应当适应水环境保护要求。

第五十四条　使用农药，应当符合国家有关农药安全使用的规定和标准。

运输、存贮农药和处置过期失效农药，应当加强管理，防止造成水污染。

第五十五条　县级以上地方人民政府农业主管部门和其他有关部门，应当采取措施，指导农业生产者科学、合理地施用化肥和农药，推广测土配方施肥技术和高效低毒低残留农药，控制化肥和农药的过量使用，防止造成水污染。

第五十六条　国家支持畜禽养殖场、养殖小区建设畜禽粪便、废水的综合利用或者无害化处理设施。

畜禽养殖场、养殖小区应当保证其畜禽粪便、废水的综合利用或者无害化处理设施正常运转，保证污水达标排放，防止污染水环境。

畜禽散养密集区所在地县、乡级人民政府应当组织对畜禽粪便污水进行分户收集、集中处理利用。

第五十七条　从事水产养殖应当保护水域生态环境，科学确定养殖密度，合理投饵和使用药物，防止污染水环境。

第五十八条 农田灌溉用水应当符合相应的水质标准，防止污染土壤、地下水和农产品。

禁止向农田灌溉渠道排放工业废水或者医疗污水。向农田灌溉渠道排放城镇污水以及未综合利用的畜禽养殖废水、农产品加工废水的，应当保证其下游最近的灌溉取水点的水质符合农田灌溉水质标准。

第五节 船舶水污染防治

第五十九条 船舶排放含油污水、生活污水，应当符合船舶污染物排放标准。从事海洋航运的船舶进入内河和港口的，应当遵守内河的船舶污染物排放标准。

船舶的残油、废油应当回收，禁止排入水体。

禁止向水体倾倒船舶垃圾。

船舶装载运输油类或者有毒货物，应当采取防止溢流和渗漏的措施，防止货物落水造成水污染。

进入中华人民共和国内河的国际航线船舶排放压载水的，应当采用压载水处理装置或者采取其他等效措施，对压载水进行灭活等处理。禁止排放不符合规定的船舶压载水。

第六十条 船舶应当按照国家有关规定配置相应的防污设备和器材，并持有合法有效的防止水域环境污染的证书与文书。

船舶进行涉及污染物排放的作业，应当严格遵守操作规程，并在相应的记录簿上如实记载。

第六十一条 港口、码头、装卸站和船舶修造厂所在地市、县级人民政府应当统筹规划建设船舶污染物、废弃物的接收、转运及处理处置设施。

港口、码头、装卸站和船舶修造厂应当备有足够的船舶污染物、废弃物的接收设施。从事船舶污染物、废弃物接收作业，或者从事装载油类、污染危害性货物船舱清洗作业的单位，应当具备与其运营规模相适应的接收处理能力。

第六十二条 船舶及有关作业单位从事有污染风险的作业活动，应当按照有关法律法规和标准，采取有效措施，防止造成水污染。海事管理机构、渔业主管部门应当加强对船舶及有关作业活动的监督管理。

船舶进行散装液体污染危害性货物的过驳作业，应当编制作业方案，采取有效的安全和污染防治措施，并报作业地海事管理机构批准。

禁止采取冲滩方式进行船舶拆解作业。

第五章　饮用水水源和
其他特殊水体保护

第六十三条 国家建立饮用水水源保护区制度。饮用水水源保护区分为一级保护区和二级保护区；必要时，可以在饮用水水源保护区外围划定一定的区域作为准保护区。

饮用水水源保护区的划定，由有关市、县人民政府提出划定方案，报省、自治区、直辖市人民政府批准；跨市、县饮用水水源保护区的划定，由有关市、县人民政府协商提出划定方案，报省、自治区、直辖市人民政府批准；协商不成的，由省、自治区、直辖市人民政府环境保护主管部门会同同级水行政、国土资源、卫生、建设等部门提出划定方案，征求同级有关部门的意见后，报省、自治区、直辖市人民政府批准。

跨省、自治区、直辖市的饮用水水源保护区，由有关省、自治区、直辖市人民政府商有关流域管理机构划定；协商不成的，由国务院环境保护主管部门会同同级水行政、国土资源、卫生、建设等部门提出划定方案，征求国务院有关部门的意见后，报国务院批准。

国务院和省、自治区、直辖市人民政府可以根据保护饮用水水源的实际需要，调整饮用水水源保护区的范围，确保饮用水安全。有关地方人民政府应当在饮用水水源保护区的边界设立明确的地理界标和明显的警示标志。

第六十四条 在饮用水水源保护区内，禁止设置排污口。

第六十五条 禁止在饮用水水源一级保护区内新建、改建、扩建与供水设施和保护水源无关的建设项目；已建成的与供水设施和保护水源无关的建设项目，由县级以上人民政府责令拆除或者关闭。

禁止在饮用水水源一级保护区内从事网箱养殖、旅游、游泳、垂钓或者其他可能污染饮用水水体的活动。

第六十六条 禁止在饮用水水源二级保护区内新建、改建、扩建排放污染物的建设项目；已建成的排放污染物的建设项目，由县级以上人民政府责令拆除或者关闭。

在饮用水水源二级保护区内从事网箱养殖、旅游等活动的，应当按照规定采取措施，防止污染饮用水水体。

第六十七条 禁止在饮用水水源准保护区内新建、扩建对水体污染严重的建设项目；改建建设项目，不得增加排污量。

第六十八条 县级以上地方人民政府应当根据保护饮用水水源的实际需要，在准保护区内采取工程措施或者建造湿地、水源涵养林等生态保护措施，防止水污染物直接排入饮用水水体，确保饮用水安全。

第六十九条 县级以上地方人民政府应当组织环境保护等部门，对饮用水水源保护区、地下水型饮用水源的补给区及供水单位周边区域的环境状况和污染风险进行调查评估，筛查可能存在的污染风险因素，并采取相应的风险防范措施。

饮用水水源受到污染可能威胁供水安全的，环境保护主管部门应当责令有关企业事业单位和其他生产经营者采取停止排放水污染物等措施，并通报饮用水供水单位和供水、卫生、水行政等部门；跨行政区域的，还应当通报相关地方人民政府。

第七十条　单一水源供水城市的人民政府应当建设应急水源或者备用水源，有条件的地区可以开展区域联网供水。

县级以上地方人民政府应当合理安排、布局农村饮用水水源，有条件的地区可以采取城镇供水管网延伸或者建设跨村、跨乡镇联片集中供水工程等方式，发展规模集中供水。

第七十一条　饮用水供水单位应当做好取水口和出水口的水质检测工作。发现取水口水质不符合饮用水水源水质标准或者出水口水质不符合饮用水卫生标准的，应当及时采取相应措施，并向所在地市、县级人民政府供水主管部门报告。供水主管部门接到报告后，应当通报环境保护、卫生、水行政等部门。

饮用水供水单位应当对供水水质负责，确保供水设施安全可靠运行，保证供水水质符合国家有关标准。

第七十二条　县级以上地方人民政府应当组织有关部门监测、评估本行政区域内饮用水水源、供水单位供水和用户水龙头出水的水质等饮用水安全状况。

县级以上地方人民政府有关部门应当至少每季度向社会公开一次饮用水安全状况信息。

第七十三条　国务院和省、自治区、直辖市人民政府根据水环境保护的需要，可以规定在饮用水水源保护区内，采取禁止或者限制使用含磷洗涤剂、化肥、农药以及限制种植养殖等措施。

第七十四条　县级以上人民政府可以对风景名胜区水体、

重要渔业水体和其他具有特殊经济文化价值的水体划定保护区，并采取措施，保证保护区的水质符合规定用途的水环境质量标准。

第七十五条 在风景名胜区水体、重要渔业水体和其他具有特殊经济文化价值的水体的保护区内，不得新建排污口。在保护区附近新建排污口，应当保证保护区水体不受污染。

第六章 水污染事故处置

第七十六条 各级人民政府及其有关部门，可能发生水污染事故的企业事业单位，应当依照《中华人民共和国突发事件应对法》的规定，做好突发水污染事故的应急准备、应急处置和事后恢复等工作。

第七十七条 可能发生水污染事故的企业事业单位，应当制定有关水污染事故的应急方案，做好应急准备，并定期进行演练。

生产、储存危险化学品的企业事业单位，应当采取措施，防止在处理安全生产事故过程中产生的可能严重污染水体的消防废水、废液直接排入水体。

第七十八条 企业事业单位发生事故或者其他突发性事件，造成或者可能造成水污染事故的，应当立即启动本单位的应急方案，采取隔离等应急措施，防止水污染物进入水体，并向事故发生地的县级以上地方人民政府或者环境保护主管部门报告。环境保护主管部门接到报告后，应当及时向本级人民政府报告，并抄送有关部门。

造成渔业污染事故或者渔业船舶造成水污染事故的，应当向事故发生地的渔业主管部门报告，接受调查处理。其他船舶造成水污染事故的，应当向事故发生地的海事管理机构报告，接受调查处理；给渔业造成损害的，海事管理机构应当通知渔业主管部门参与调查处理。

第七十九条　市、县级人民政府应当组织编制饮用水安全突发事件应急预案。

饮用水供水单位应当根据所在地饮用水安全突发事件应急预案，制定相应的突发事件应急方案，报所在地市、县级人民政府备案，并定期进行演练。

饮用水水源发生水污染事故，或者发生其他可能影响饮用水安全的突发性事件，饮用水供水单位应当采取应急处理措施，向所在地市、县级人民政府报告，并向社会公开。有关人民政府应当根据情况及时启动应急预案，采取有效措施，保障供水安全。

第七章　法律责任

第八十条　环境保护主管部门或者其他依照本法规定行使监督管理权的部门，不依法作出行政许可或者办理批准文件的，发现违法行为或者接到对违法行为的举报后不予查处的，或者有其他未依照本法规定履行职责的行为的，对直接负责的主管人员和其他直接责任人员依法给予处分。

第八十一条　以拖延、围堵、滞留执法人员等方式拒绝、阻挠环境保护主管部门或者其他依照本法规定行使监督管理权的部门的监督检查，或者在接受监督检查时弄虚作假的，由县级以上人民政府环境保护主管部门或者其他依照本法规定行使监督管理权的部门责令改正，处二万元以上二十万元以下的罚款。

第八十二条　违反本法规定，有下列行为之一的，由县级以上人民政府环境保护主管部门责令限期改正，处二万元以上二十万元以下的罚款；逾期不改正的，责令停产整治：

（一）未按照规定对所排放的水污染物自行监测，或者未保存原始监测记录的；

（二）未按照规定安装水污染物排放自动监测设备，未按照规定与环境保护主管部门的监控设备联网，或者未保证监测设备正常运行的；

（三）未按照规定对有毒有害水污染物的排污口和周边环境进行监测，或者未公开有毒有害水污染物信息的。

第八十三条　违反本法规定，有下列行为之一的，由县级以上人民政府环境保护主管部门责令改正或者责令限制生产、停产整治，并处十万元以上一百万元以下的罚款；情节严重的，报经有批准权的人民政府批准，责令停业、关闭：

（一）未依法取得排污许可证排放水污染物的；

（二）超过水污染物排放标准或者超过重点水污染物排放总量控制指标排放水污染物的；

（三）利用渗井、渗坑、裂隙、溶洞，私设暗管，篡改、伪造监测数据，或者不正常运行水污染防治设施等逃避监管的方式排放水污染物的；

（四）未按照规定进行预处理，向污水集中处理设施排放不符合处理工艺要求的工业废水的。

第八十四条　在饮用水水源保护区内设置排污口的，由县级以上地方人民政府责令限期拆除，处十万元以上五十万元以下的罚款；逾期不拆除的，强制拆除，所需费用由违法者承担，处五十万元以上一百万元以下的罚款，并可以责令停产整治。

除前款规定外，违反法律、行政法规和国务院环境保护主管部门的规定设置排污口的，由县级以上地方人民政府环境保护主管部门责令限期拆除，处二万元以上十万元以下的罚款；逾期不拆除的，强制拆除，所需费用由违法者承担，处十万元以上五十万元以下的罚款；情节严重的，可以责令停产整治。

未经水行政主管部门或者流域管理机构同意，在江河、湖泊新建、改建、扩建排污口的，由县级以上人民政府水行政主管部门或者流域管理机构依据职权，依照前款规定采取措施、给予处罚。

第八十五条 有下列行为之一的，由县级以上地方人民政府环境保护主管部门责令停止违法行为，限期采取治理措施，消除污染，处以罚款；逾期不采取治理措施的，环境保护主管部门可以指定有治理能力的单位代为治理，所需费用由违法者承担：

（一）向水体排放油类、酸液、碱液的；

（二）向水体排放剧毒废液，或者将含有汞、镉、砷、铬、铅、氰化物、黄磷等的可溶性剧毒废渣向水体排放、倾倒或者直接埋入地下的；

（三）在水体清洗装贮过油类、有毒污染物的车辆或者容器的；

（四）向水体排放、倾倒工业废渣、城镇垃圾或者其他废弃物，或者在江河、湖泊、运河、渠道、水库最高水位线以下的滩地、岸坡堆放、存贮固体废弃物或者其他污染物的；

（五）向水体排放、倾倒放射性固体废物或者含有高放射性、中放射性物质的废水的；

（六）违反国家有关规定或者标准，向水体排放含低放射性物质的废水、热废水或者含病原体的污水的；

（七）未采取防渗漏等措施，或者未建设地下水水质监测井进行监测的；

（八）加油站等的地下油罐未使用双层罐或者采取建造防渗池等其他有效措施，或者未进行防渗漏监测的；

（九）未按照规定采取防护性措施，或者利用无防渗漏措施的沟渠、坑塘等输送或者存贮含有毒污染物的废水、含病原体的污水或者其他废弃物的。

有前款第三项、第四项、第六项、第七项、第八项行为之一的，处二万元以上二十万元以下的罚款。有前款第一项、第二项、第五项、第九项行为之一的，处十万元以上一百万元以下的罚款；情节严重的，报经有批准权的人民政府批准，责令停业、关闭。

第八十六条 违反本法规定，生产、销售、进口或者使用列入禁止生产、销售、进口、使用的严重污染水环境的设备名录中的设备，或者采用列入禁止采用的严重污染水环境的工艺名录中的工艺的，由县级以上人民政府经济综合宏观调控部门责令改正，处五万元以上二十万元以下的罚款；情节严重的，由县级以上人民政府经济综合宏观调控部门提出意见，报请本级人民政府责令停业、关闭。

第八十七条 违反本法规定，建设不符合国家产业政策的小型造纸、制革、印染、染料、炼焦、炼硫、炼砷、炼汞、炼油、电镀、农药、石棉、水泥、玻璃、钢铁、火电以及其他严重污染水环境的生产项目的，由所在地的市、县人民政府责令关闭。

第八十八条 城镇污水集中处理设施的运营单位或者污泥处理处置单位，处理处置后的污泥不符合国家标准，或者对污泥去向等未进行记录的，由城镇排水主管部门责令限期采取治理措施，给予警告；造成严重后果的，处十万元以上二十万元以下的罚款；逾期不采取治理措施的，城镇排水主管部门可以指定有治理能力的单位代为治理，所需费用由违法者承担。

第八十九条 船舶未配置相应的防污染设备和器材，或者未持有合法有效的防止水域环境污染的证书与文书的，由海事管理机构、渔业主管部门按照职责分工责令限期改正，处二千元以上二万元以下的罚款；逾期不改正的，责令船舶临时停航。

船舶进行涉及污染物排放的作业，未遵守操作规程或者未在相应的记录簿上如实记载的，由海事管理机构、渔业主管部门按照职责分工责令改正，处二千元以上二万元以下的罚款。

第九十条 违反本法规定，有下列行为之一的，由海事管理机构、渔业主管部门按照职责分工责令停止违法行为，处一万元以上十万元以下的罚款；造成水污染的，责令限期采取治理措施，消除污染，处二万元以上二十万元以下的罚款；逾期不采取治理措施的，海事管理机构、渔业主管部门按照职责分工可以指定有治理能力的单位代为治理，所需费用由船舶承担：

（一）向水体倾倒船舶垃圾或者排放船舶的残油、废油的；

（二）未经作业地海事管理机构批准，船舶进行散装液体污染危害性货物的过驳作业的；

（三）船舶及有关作业单位从事有污染风险的作业活动，未按照规定采取污染防治措施的；

（四）以冲滩方式进行船舶拆解的；

（五）进入中华人民共和国内河的国际航线船舶，排放不符合规定的船舶压载水的。

第九十一条 有下列行为之一的，由县级以上地方人民政府环境保护主管部门责令停止违法行为，处十万元以上五十万元以下的罚款；并报经有批准权的人民政府批准，责令拆除或者关闭：

（一）在饮用水水源一级保护区内新建、改建、扩建与供水设施和保护水源无关的建设项目的；

（二）在饮用水水源二级保护区内新建、改建、扩建排放污染物的建设项目的；

（三）在饮用水水源准保护区内新建、扩建对水体污染严重的建设项目，或者改建建设项目增加排污量的。

在饮用水水源一级保护区内从事网箱养殖或者组织进行旅游、垂钓或者其他可能污染饮用水水体的活动的，由县级以上地方人民政府环境保护主管部门责令停止违法行为，处二万元以上十万元以下的罚款。个人在饮用水水源一级保护区内游泳、垂钓或者从事其他可能污染饮用水水体的活动的，由县级以上地方人民政府环境保护主管部门责令停止违法行为，可以处五百元以下的罚款。

第九十二条　饮用水供水单位供水水质不符合国家规定标准的，由所在地市、县级人民政府供水主管部门责令改正，处二万元以上二十万元以下的罚款；情节严重的，报经有批准权的人民政府批准，可以责令停业整顿；对直接负责的主管人员和其他直接责任人员依法给予处分。

第九十三条　企业事业单位有下列行为之一的，由县级以上人民政府环境保护主管部门责令改正；情节严重的，处二万元以上十万元以下的罚款：

（一）不按照规定制定水污染事故的应急方案的；

（二）水污染事故发生后，未及时启动水污染事故的应急方案，采取有关应急措施的。

第九十四条　企业事业单位违反本法规定，造成水污染事故的，除依法承担赔偿责任外，由县级以上人民政府环境保护主管部门依照本条第二款的规定处以罚款，责令限期采取治理措施，消除污染；未按照要求采取治理措施或者不具备治理能力的，由环境保护主管部门指定有治理能力的单位代为治理，所需费用由违法者承担；对造成重大或者特大水污染事故的，还可以报经有批准权的人民政府批准，责令关闭；对直接负责的主管人员和其他直接责任人员可以处上一年度从本单位取得的收入百分之五十以下的罚款；有《中华人民共和国环境保护法》第六十三条规定的违法排放水污染物等行为之一，尚不构成犯罪的，由公安机关对直接负责的主管人员和其他直接责任人员处十日以上十五日以下的拘留；情节较轻的，处五日以上十日以下的拘留。

对造成一般或者较大水污染事故的，按照水污染事故造成的直接损失的百分之二十计算罚款；对造成重大或者特大水污染事故的，按照水污染事故造成的直接损失的百分之三十计算罚款。

造成渔业污染事故或者渔业船舶造成水污染事故的，由渔业主管部门进行处罚；其他船舶造成水污染事故的，由海事管理机构进行处罚。

第九十五条 企业事业单位和其他生产经营者违法排放水污染物，受到罚款处罚，被责令改正的，依法作出处罚决定的行政机关应当组织复查，发现其继续违法排放水污染物或者拒绝、阻挠复查的，依照《中华人民共和国环境保护法》的规定按日连续处罚。

第九十六条 因水污染受到损害的当事人，有权要求排污方排除危害和赔偿损失。

由于不可抗力造成水污染损害的，排污方不承担赔偿责任；法律另有规定的除外。

水污染损害是由受害人故意造成的，排污方不承担赔偿责任。水污染损害是由受害人重大过失造成的，可以减轻排污方的赔偿责任。

水污染损害是由第三人造成的，排污方承担赔偿责任后，有权向第三人追偿。

第九十七条　因水污染引起的损害赔偿责任和赔偿金额的纠纷，可以根据当事人的请求，由环境保护主管部门或者海事管理机构、渔业主管部门按照职责分工调解处理；调解不成的，当事人可以向人民法院提起诉讼。当事人也可以直接向人民法院提起诉讼。

第九十八条　因水污染引起的损害赔偿诉讼，由排污方就法律规定的免责事由及其行为与损害结果之间不存在因果关系承担举证责任。

第九十九条　因水污染受到损害的当事人人数众多的，可以依法由当事人推选代表人进行共同诉讼。

环境保护主管部门和有关社会团体可以依法支持因水污染受到损害的当事人向人民法院提起诉讼。

国家鼓励法律服务机构和律师为水污染损害诉讼中的受害人提供法律援助。

第一百条　因水污染引起的损害赔偿责任和赔偿金额的纠纷，当事人可以委托环境监测机构提供监测数据。环境监测机构应当接受委托，如实提供有关监测数据。

第一百零一条　违反本法规定，构成犯罪的，依法追究刑事责任。

第八章　附　则

第一百零二条　本法中下列用语的含义：

（一）水污染，是指水体因某种物质的介入，而导致其化学、物理、生物或者放射性等方面特性的改变，从而影响水的有效利用，危害人体健康或者破坏生态环境，造成水质恶化的现象。

（二）水污染物，是指直接或者间接向水体排放的，能导致水体污染的物质。

（三）有毒污染物，是指那些直接或者间接被生物摄入体内后，可能导致该生物或者其后代发病、行为反常、遗传异变、生理机能失常、机体变形或者死亡的污染物。

（四）污泥，是指污水处理过程中产生的半固态或者固态物质。

（五）渔业水体，是指划定的鱼虾类的产卵场、索饵场、越冬场、洄游通道和鱼虾贝藻类的养殖场的水体。

第一百零三条 本法自 2008 年 6 月 1 日起施行。

附　录

城镇排水与污水处理条例

中华人民共和国国务院令
第 641 号

《城镇排水与污水处理条例》已经 2013 年 9 月 18 日国务院第 24 次常务会议通过，现予公布，自 2014 年 1 月 1 日起施行。

总理　李克强
2013 年 10 月 2 日

第一章　总　则

第一条　为了加强对城镇排水与污水处理的管理，保障城镇排水与污水处理设施安全运行，防治城镇水污染和内涝灾害，保障公民生命、财产安全和公共安全，保护环境，制定本条例。

第二条　城镇排水与污水处理的规划，城镇排水与污水处理设施的建设、维护与保护，向城镇排水设施排水与污水处理，以及城镇内涝防治，适用本条例。

第三条　县级以上人民政府应当加强对城镇排水与污水处理工作的领导，并将城镇排水与污水处理工作纳入国民经济和社会发展规划。

第四条 城镇排水与污水处理应当遵循尊重自然、统筹规划、配套建设、保障安全、综合利用的原则。

第五条 国务院住房城乡建设主管部门指导监督全国城镇排水与污水处理工作。

县级以上地方人民政府城镇排水与污水处理主管部门（以下称城镇排水主管部门）负责本行政区域内城镇排水与污水处理的监督管理工作。

县级以上人民政府其他有关部门依照本条例和其他有关法律、法规的规定，在各自的职责范围内负责城镇排水与污水处理监督管理的相关工作。

第六条 国家鼓励采取特许经营、政府购买服务等多种形式，吸引社会资金参与投资、建设和运营城镇排水与污水处理设施。

县级以上人民政府鼓励、支持城镇排水与污水处理科学技术研究，推广应用先进适用的技术、工艺、设备和材料，促进污水的再生利用和污泥、雨水的资源化利用，提高城镇排水与污水处理能力。

第二章 规划与建设

第七条 国务院住房城乡建设主管部门会同国务院有关部门，编制全国的城镇排水与污水处理规划，明确全国城镇排水与污水处理的中长期发展目标、发展战略、布局、任务以及保障措施等。

城镇排水主管部门会同有关部门，根据当地经济社会发展水平以及地理、气候特征，编制本行政区域的城镇排水与污水处理规划，明确排水与污水处理目标与标准，排水量与排水模式，污水处理与再生利用、污泥处理处置要求，排涝措施，城镇排水与污水处理设施的规模、布局、建设时序和建设用地以及保障措施等；易发生内涝的城市、镇，还应当编制城镇内涝防治专项规划，并纳入本行政区域的城镇排水与污水处理规划。

第八条 城镇排水与污水处理规划的编制，应当依据国民经济和社会发展规划、城乡规划、土地利用总体规划、水污染防治规划和防洪规划，并与城镇开发建设、道路、绿地、水系等专项规划相衔接。

城镇内涝防治专项规划的编制，应当根据城镇人口与规模、降雨规律、暴雨内涝风险等因素，合理确定内涝防治目标和要求，充分利用自然生态系统，提高雨水滞渗、调蓄和排放能力。

第九条 城镇排水主管部门应当将编制的城镇排水与污水处理规划报本级人民政府批准后组织实施，并报上一级人民政府城镇排水主管部门备案。

城镇排水与污水处理规划一经批准公布，应当严格执行；因经济社会发展确需修改的，应当按照原审批程序报送审批。

第十条 县级以上地方人民政府应当根据城镇排水与污水处理规划的要求，加大对城镇排水与污水处理设施建设和维护的投入。

第十一条 城乡规划和城镇排水与污水处理规划确定的城镇排水与污水处理设施建设用地，不得擅自改变用途。

第十二条 县级以上地方人民政府应当按照先规划后建设的原则，依据城镇排水与污水处理规划，合理确定城镇排水与污水处理设施建设标准，统筹安排管网、泵站、污水处理厂以及污泥处理处置、再生水利用、雨水调蓄和排放等排水与污水处理设施建设和改造。

城镇新区的开发和建设，应当按照城镇排水与污水处理规划确定的建设时序，优先安排排水与污水处理设施建设；未建或者已建但未达到国家有关标准的，应当按照年度改造计划进行改造，提高城镇排水与污水处理能力。

第十三条 县级以上地方人民政府应当按照城镇排涝要求，结合城镇用地性质和条件，加强雨水管网、泵站以及雨水调蓄、超标雨水径流排放等设施建设和改造。

新建、改建、扩建市政基础设施工程应当配套建设雨水收集利用设施，增加绿地、砂石地面、可渗透路面和自然地面对雨水的滞渗能力，利用建筑物、停车场、广场、道路等建设雨水收集利用设施，削减雨水径流，提高城镇内涝防治能力。

新区建设与旧城区改建，应当按照城镇排水与污水处理规划确定的雨水径流控制要求建设相关设施。

第十四条 城镇排水与污水处理规划范围内的城镇排水与污水处理设施建设项目以及需要与城镇排水与污水处理设施相连接的新建、改建、扩建建设工程，城乡规划主管部门在依法核发建设用地规划许可证时，应当征求城镇排水主管部门的意见。城镇排水主管部门应当就排水设计方案是否符合城镇排水与污水处理规划和相关标准提出意见。

建设单位应当按照排水设计方案建设连接管网等设施；未建设连接管网等设施的，不得投入使用。城镇排水主管部门或者其委托的专门机构应当加强指导和监督。

第十五条 城镇排水与污水处理设施建设工程竣工后，建设单位应当依法组织竣工验收。竣工验收合格的，方可交付使用，并自竣工验收合格之日起15日内，将竣工验收报告及相关资料报城镇排水主管部门备案。

第十六条 城镇排水与污水处理设施竣工验收合格后，由城镇排水主管部门通过招标投标、委托等方式确定符合条件的设施维护运营单位负责管理。特许经营合同、委托运营合同涉及污染物削减和污水处理运营服务费的，城镇排水主管部门应当征求环境保护主管部门、价格主管部门的意见。国家鼓励实施城镇污水处理特许经营制度。具体办法由国务院住房城乡建设主管部门会同国务院有关部门制定。

城镇排水与污水处理设施维护运营单位应当具备下列条件：

（一）有法人资格；

（二）有与从事城镇排水与污水处理设施维护运营活动相适应的资金和设备；

（三）有完善的运行管理和安全管理制度；

（四）技术负责人和关键岗位人员经专业培训并考核合格；

（五）有相应的良好业绩和维护运营经验；

（六）法律、法规规定的其他条件。

第三章 排 水

第十七条 县级以上地方人民政府应当根据当地降雨规律和暴雨内涝风险情况，结合气象、水文资料，建立排水设施地理信息系统，加强雨水排放管理，提高城镇内涝防治水平。

县级以上地方人民政府应当组织有关部门、单位采取相应的预防治理措施，建立城镇内涝防治预警、会商、联动机制，发挥河道行洪能力和水库、洼淀、湖泊调蓄洪水的功能，加强对城镇排水设施的管理和河道防护、整治，因地制宜地采取定期清淤疏浚等措施，确保雨水排放畅通，共同做好城镇内涝防治工作。

第十八条 城镇排水主管部门应当按照城镇内涝防治专项规划的要求，确定雨水收集利用设施建设标准，明确雨水的排水分区和排水出路，合理控制雨水径流。

第十九条 除干旱地区外，新区建设应当实行雨水、污水分流；对实行雨水、污水合流的地区，应当按照城镇排水与污水处理规划要求，进行雨水、污水分流改造。雨水、污水分流改造可以结合旧城区改建和道路建设同时进行。

在雨水、污水分流地区，新区建设和旧城区改建不得将雨水管网、污水管网相互混接。

在有条件的地区，应当逐步推进初期雨水收集与处理，合理确定截流倍数，通过设置初期雨水贮存池、建设截流干管等方式，加强对初期雨水的排放调控和污染防治。

第二十条 城镇排水设施覆盖范围内的排水单位和个人，应当按照国家有关规定将污水排入城镇排水设施。

在雨水、污水分流地区，不得将污水排入雨水管网。

第二十一条 从事工业、建筑、餐饮、医疗等活动的企业事业单位、个体工商户（以下称排水户）向城镇排水设施排放污水的，应当向城镇排水主管部门申请领取污水排入排水管网许可证。城镇排水主管部门应当按照国家有关标准，重点对影响城镇排水与污水处理设施安全运行的事项进行审查。

排水户应当按照污水排入排水管网许可证的要求排放污水。

第二十二条 排水户申请领取污水排入排水管网许可证应当具备下列条件：

（一）排放口的设置符合城镇排水与污水处理规划的要求；

（二）按照国家有关规定建设相应的预处理设施和水质、水量检测设施；

（三）排放的污水符合国家或者地方规定的有关排放标准；

（四）法律、法规规定的其他条件。

符合前款规定条件的，由城镇排水主管部门核发污水排入排水管网许可证；具体办法由国务院住房城乡建设主管部门制定。

第二十三条　城镇排水主管部门应当加强对排放口设置以及预处理设施和水质、水量检测设施建设的指导和监督；对不符合规划要求或者国家有关规定的，应当要求排水户采取措施，限期整改。

第二十四条　城镇排水主管部门委托的排水监测机构，应当对排水户排放污水的水质和水量进行监测，并建立排水监测档案。排水户应当接受监测，如实提供有关资料。

列入重点排污单位名录的排水户安装的水污染物排放自动监测设备，应当与环境保护主管部门的监控设备联网。环境保护主管部门应当将监测数据与城镇排水主管部门共享。

第二十五条　因城镇排水设施维护或者检修可能对排水造成影响的，城镇排水设施维护运营单位应当提前 24 小时通知相关排水户；可能对排水造成严重影响的，应当事先向城镇排水主管部门报告，采取应急处理措施，并向社会公告。

第二十六条　设置于机动车道路上的窨井，应当按照国家有关规定进行建设，保证其承载力和稳定性等符合相关要求。

排水管网窨井盖应当具备防坠落和防盗窃功能，满足结构强度要求。

第二十七条　城镇排水主管部门应当按照国家有关规定建立城镇排涝风险评估制度和灾害后评估制度，在汛前对城镇排水设施进行全面检查，对发现的问题，责成有关单位限期处理，并加强城镇广场、立交桥下、地下构筑物、棚户区等易涝点的治理，强化排涝措施，增加必要的强制排水设施和装备。

城镇排水设施维护运营单位应当按照防汛要求，对城镇排水设施进行全面检查、维护、清疏，确保设施安全运行。

在汛期，有管辖权的人民政府防汛指挥机构应当加强对易涝点的巡查，发现险情，立即采取措施。有关单位和个人在汛期应当服从有管辖权的人民政府防汛指挥机构的统一调度指挥或者监督。

第四章 污水处理

第二十八条 城镇排水主管部门应当与城镇污水处理设施维护运营单位签订维护运营合同，明确双方权利义务。

城镇污水处理设施维护运营单位应当依照法律、法规和有关规定以及维护运营合同进行维护运营，定期向社会公开有关维护运营信息，并接受相关部门和社会公众的监督。

第二十九条 城镇污水处理设施维护运营单位应当保证出水水质符合国家和地方规定的排放标准，不得排放不达标污水。

城镇污水处理设施维护运营单位应当按照国家有关规定检测进出水水质，向城镇排水主管部门、环境保护主管部门报送污水处理水质和水量、主要污染物削减量等信息，并按照有关规定和维护运营合同，向城镇排水主管部门报送生产运营成本等信息。

城镇污水处理设施维护运营单位应当按照国家有关规定向价格主管部门提交相关成本信息。

城镇排水主管部门核定城镇污水处理运营成本，应当考虑主要污染物削减情况。

第三十条 城镇污水处理设施维护运营单位或者污泥处理处置单位应当安全处理处置污泥，保证处理处置后的污泥符合国家有关标准，对产生的污泥以及处理处置后的污泥去向、用途、用量等进行跟踪、记录，并向城镇排水主管部门、环境保护主管部门报告。任何单位和个人不得擅自倾倒、堆放、丢弃、遗撒污泥。

第三十一条 城镇污水处理设施维护运营单位不得擅自停运城镇污水处理设施，因检修等原因需要停运或者部分停运城镇污水处理设施的，应当在 90 个工作日前向城镇排水主管部门、环境保护主管部门报告。

城镇污水处理设施维护运营单位在出现进水水质和水量发生重大变化可能导致出水水质超标，或者发生影响城镇污水处理设施安全运行的突发情况时，应当立即采取应急处理措施，并向城镇排水主管部门、环境保护主管部门报告。

城镇排水主管部门或者环境保护主管部门接到报告后，应当及时核查处理。

第三十二条 排水单位和个人应当按照国家有关规定缴纳污水处理费。

向城镇污水处理设施排放污水、缴纳污水处理费的，不再缴纳排污费。

排水监测机构接受城镇排水主管部门委托从事有关监测活动，不得向城镇污水处理设施维护运营单位和排水户收取任何费用。

第三十三条 污水处理费应当纳入地方财政预算管理，专项用于城镇污水处理设施的建设、运行和污泥处理处置，不得挪作他用。污水处理费的收费标准不应低于城镇污水处理设施正常运营的成本。因特殊原因，收取的污水处理费不足以支付城镇污水处理设施正常运营的成本的，地方人民政府给予补贴。

污水处理费的收取、使用情况应当向社会公开。

第三十四条 县级以上地方人民政府环境保护主管部门应当依法对城镇污水处理设施的出水水质和水量进行监督检查。

城镇排水主管部门应当对城镇污水处理设施运营情况进行

监督和考核，并将监督考核情况向社会公布。有关单位和个人应当予以配合。

城镇污水处理设施维护运营单位应当为进出水在线监测系统的安全运行提供保障条件。

第三十五条 城镇排水主管部门应当根据城镇污水处理设施维护运营单位履行维护运营合同的情况以及环境保护主管部门对城镇污水处理设施出水水质和水量的监督检查结果，核定城镇污水处理设施运营服务费。地方人民政府有关部门应当及时、足额拨付城镇污水处理设施运营服务费。

第三十六条 城镇排水主管部门在监督考核中，发现城镇污水处理设施维护运营单位存在未依照法律、法规和有关规定以及维护运营合同进行维护运营，擅自停运或者部分停运城镇污水处理设施，或者其他无法安全运行等情形的，应当要求城镇污水处理设施维护运营单位采取措施，限期整改；逾期不整改的，或者整改后仍无法安全运行的，城镇排水主管部门可以终止维护运营合同。

城镇排水主管部门终止与城镇污水处理设施维护运营单位签订的维护运营合同的，应当采取有效措施保障城镇污水处理设施的安全运行。

第三十七条 国家鼓励城镇污水处理再生利用，工业生产、城市绿化、道路清扫、车辆冲洗、建筑施工以及生态景观等，应当优先使用再生水。

县级以上地方人民政府应当根据当地水资源和水环境状况，合理确定再生水利用的规模，制定促进再生水利用的保障措施。

再生水纳入水资源统一配置，县级以上地方人民政府水行政主管部门应当依法加强指导。

第五章　设施维护与保护

第三十八条　城镇排水与污水处理设施维护运营单位应当建立健全安全生产管理制度，加强对窨井盖等城镇排水与污水处理设施的日常巡查、维修和养护，保障设施安全运行。

从事管网维护、应急排水、井下及有限空间作业的，设施维护运营单位应当安排专门人员进行现场安全管理，设置醒目警示标志，采取有效措施避免人员坠落、车辆陷落，并及时复原窨井盖，确保操作规程的遵守和安全措施的落实。相关特种作业人员，应当按照国家有关规定取得相应的资格证书。

第三十九条　县级以上地方人民政府应当根据实际情况，依法组织编制城镇排水与污水处理应急预案，统筹安排应对突发事件以及城镇排涝所必需的物资。

城镇排水与污水处理设施维护运营单位应当制定本单位的应急预案，配备必要的抢险装备、器材，并定期组织演练。

第四十条　排水户因发生事故或者其他突发事件，排放的污水可能危及城镇排水与污水处理设施安全运行的，应当立即采取措施消除危害，并及时向城镇排水主管部门和环境保护主管部门等有关部门报告。

城镇排水与污水处理安全事故或者突发事件发生后，设施维护运营单位应当立即启动本单位应急预案，采取防护措施、组织抢修，并及时向城镇排水主管部门和有关部门报告。

第四十一条　城镇排水主管部门应当会同有关部门，按照国家有关规定划定城镇排水与污水处理设施保护范围，并向社会公布。

在保护范围内，有关单位从事爆破、钻探、打桩、顶进、挖掘、取土等可能影响城镇排水与污水处理设施安全的活动的，应当与设施维护运营单位等共同制定设施保护方案，并采取相应的安全防护措施。

第四十二条 禁止从事下列危及城镇排水与污水处理设施安全的活动：

（一）损毁、盗窃城镇排水与污水处理设施；

（二）穿凿、堵塞城镇排水与污水处理设施；

（三）向城镇排水与污水处理设施排放、倾倒剧毒、易燃易爆、腐蚀性废液和废渣；

（四）向城镇排水与污水处理设施倾倒垃圾、渣土、施工泥浆等废弃物；

（五）建设占压城镇排水与污水处理设施的建筑物、构筑物或者其他设施；

（六）其他危及城镇排水与污水处理设施安全的活动。

第四十三条 新建、改建、扩建建设工程，不得影响城镇排水与污水处理设施安全。

建设工程开工前，建设单位应当查明工程建设范围内地下城镇排水与污水处理设施的相关情况。城镇排水主管部门及其他相关部门和单位应当及时提供相关资料。

建设工程施工范围内有排水管网等城镇排水与污水处理设施的，建设单位应当与施工单位、设施维护运营单位共同制定设施保护方案，并采取相应的安全保护措施。

因工程建设需要拆除、改动城镇排水与污水处理设施的，建设单位应当制定拆除、改动方案，报城镇排水主管部门审核，并承担重建、改建和采取临时措施的费用。

第四十四条 县级以上人民政府城镇排水主管部门应当会同有关部门，加强对城镇排水与污水处理设施运行维护和保护情况的监督检查，并将检查情况及结果向社会公开。实施监督检查时，有权采取下列措施：

（一）进入现场进行检查、监测；

（二）查阅、复制有关文件和资料；

（三）要求被监督检查的单位和个人就有关问题作出说明。

被监督检查的单位和个人应当予以配合，不得妨碍和阻挠依法进行的监督检查活动。

第四十五条 审计机关应当加强对城镇排水与污水处理设施建设、运营、维护和保护等资金筹集、管理和使用情况的监督，并公布审计结果。

第六章 法律责任

第四十六条 违反本条例规定，县级以上地方人民政府及其城镇排水主管部门和其他有关部门，不依法作出行政许可或者办理批准文件的，发现违法行为或者接到对违法行为的举报不予查处的，或者有其他未依照本条例履行职责的行为的，对直接负责的主管人员和其他直接责任人员依法给予处分；直接负责的主管人员和其他直接责任人员的行为构成犯罪的，依法追究刑事责任。

违反本条例规定，核发污水排入排水管网许可证、排污许可证后不实施监督检查的，对核发许可证的部门及其工作人员依照前款规定处理。

第四十七条 违反本条例规定，城镇排水主管部门对不符合法定条件的排水户核发污水排入排水管网许可证的，或者对符合法定条件的排水户不予核发污水排入排水管网许可证的，对直接负责的主管人员和其他直接责任人员依法给予处分；直接负责的主管人员和其他直接责任人员的行为构成犯罪的，依法追究刑事责任。

　　第四十八条　违反本条例规定，在雨水、污水分流地区，建设单位、施工单位将雨水管网、污水管网相互混接的，由城镇排水主管部门责令改正，处 5 万元以上 10 万元以下的罚款；造成损失的，依法承担赔偿责任。

　　第四十九条　违反本条例规定，城镇排水与污水处理设施覆盖范围内的排水单位和个人，未按照国家有关规定将污水排入城镇排水设施，或者在雨水、污水分流地区将污水排入雨水管网的，由城镇排水主管部门责令改正，给予警告；逾期不改正或者造成严重后果的，对单位处 10 万元以上 20 万元以下罚款，对个人处 2 万元以上 10 万元以下罚款；造成损失的，依法承担赔偿责任。

　　第五十条　违反本条例规定，排水户未取得污水排入排水管网许可证向城镇排水设施排放污水的，由城镇排水主管部门责令停止违法行为，限期采取治理措施，补办污水排入排水管网许可证，可以处 50 万元以下罚款；造成损失的，依法承担赔偿责任；构成犯罪的，依法追究刑事责任。

　　违反本条例规定，排水户不按照污水排入排水管网许可证的要求排放污水的，由城镇排水主管部门责令停止违法行为，限期改正，可以处 5 万元以下罚款；造成严重后果的，吊销污水排入排水管网许可证，并处 5 万元以上 50 万元以下罚款，可以向社会予以通报；造成损失的，依法承担赔偿责任；构成犯罪的，依法追究刑事责任。

　　第五十一条　违反本条例规定，因城镇排水设施维护或者检修可能对排水造成影响或者严重影响，城镇排水设施维护运营单位未提前通知相关排水户的，或者未事先向城镇排水主管部门报告，采取应急处理措施的，或者未按照防汛要求对城镇排水设施进行全面检查、维护、清疏，影响汛期排水畅通的，由城镇排水主管部门责令改正，给予警告；逾期不改正或者造成严重后果的，处 10 万元以上 20 万元以下罚款；造成损失的，依法承担赔偿责任。

第五十二条　违反本条例规定，城镇污水处理设施维护运营单位未按照国家有关规定检测进出水水质的，或者未报送污水处理水质和水量、主要污染物削减量等信息和生产运营成本等信息的，由城镇排水主管部门责令改正，可以处 5 万元以下罚款；造成损失的，依法承担赔偿责任。

违反本条例规定，城镇污水处理设施维护运营单位擅自停运城镇污水处理设施，未按照规定事先报告或者采取应急处理措施的，由城镇排水主管部门责令改正，给予警告；逾期不改正或者造成严重后果的，处 10 万元以上 50 万元以下罚款；造成损失的，依法承担赔偿责任。

第五十三条　违反本条例规定，城镇污水处理设施维护运营单位或者污泥处理处置单位对产生的污泥以及处理处置后的污泥的去向、用途、用量等未进行跟踪、记录的，或者处理处置后的污泥不符合国家有关标准的，由城镇排水主管部门责令限期采取治理措施，给予警告；造成严重后果的，处 10 万元以上 20 万元以下罚款；逾期不采取治理措施的，城镇排水主管部门可以指定有治理能力的单位代为治理，所需费用由当事人承担；造成损失的，依法承担赔偿责任。

违反本条例规定，擅自倾倒、堆放、丢弃、遗撒污泥的，由城镇排水主管部门责令停止违法行为，限期采取治理措施，给予警告；造成严重后果的，对单位处 10 万元以上 50 万元以下罚款，对个人处 2 万元以上 10 万元以下罚款；逾期不采取治理措施的，城镇排水主管部门可以指定有治理能力的单位代为治理，所需费用由当事人承担；造成损失的，依法承担赔偿责任。

第五十四条 违反本条例规定，排水单位或者个人不缴纳污水处理费的，由城镇排水主管部门责令限期缴纳，逾期拒不缴纳的，处应缴纳污水处理费数额 1 倍以上 3 倍以下罚款。

第五十五条 违反本条例规定，城镇排水与污水处理设施维护运营单位有下列情形之一的，由城镇排水主管部门责令改正，给予警告；逾期不改正或者造成严重后果的，处 10 万元以上 50 万元以下罚款；造成损失的，依法承担赔偿责任；构成犯罪的，依法追究刑事责任：

（一）未按照国家有关规定履行日常巡查、维修和养护责任，保障设施安全运行的；

（二）未及时采取防护措施、组织事故抢修的；

（三）因巡查、维护不到位，导致窨井盖丢失、损毁，造成人员伤亡和财产损失的。

第五十六条 违反本条例规定，从事危及城镇排水与污水处理设施安全的活动的，由城镇排水主管部门责令停止违法行为，限期恢复原状或者采取其他补救措施，给予警告；逾期不采取补救措施或者造成严重后果的，对单位处 10 万元以上 30 万元以下罚款，对个人处 2 万元以上 10 万元以下罚款；造成损失的，依法承担赔偿责任；构成犯罪的，依法追究刑事责任。

第五十七条 违反本条例规定，有关单位未与施工单位、设施维护运营单位等共同制定设施保护方案，并采取相应的安全防护措施的，由城镇排水主管部门责令改正，处 2 万元以上 5 万元以下罚款；造成严重后果的，处 5 万元以上 10 万元以下罚款；造成损失的，依法承担赔偿责任；构成犯罪的，依法追究刑事责任。

违反本条例规定，擅自拆除、改动城镇排水与污水处理设施的，由城镇排水主管部门责令改正，恢复原状或者采取其他补救措施，处 5 万元以上 10 万元以下罚款；造成严重后果的，处 10 万元以上 30 万元以下罚款；造成损失的，依法承担赔偿责任；构成犯罪的，依法追究刑事责任。

第七章　附　则

第五十八条　依照《中华人民共和国水污染防治法》的规定，排水户需要取得排污许可证的，由环境保护主管部门核发；违反《中华人民共和国水污染防治法》的规定排放污水的，由环境保护主管部门处罚。

第五十九条　本条例自 2014 年 1 月 1 日起施行。

中华人民共和国水污染
防治法实施细则

中华人民共和国国务院令

第 284 号

现发布《中华人民共和国水污染防治法实施细则》，
自发布之日起施行。

总理 朱镕基

2000 年 3 月 20 日

第一章 总 则

第一条 根据《中华人民共和国水污染防治法》（以下简称
水污染防治法），制定本实施细则。

第二章 水污染防治的监督管理

第二条 依照水污染防治法第十条规定编制的流域水污染

防治规划。应当包括下列内容：

（一）水体的环境功能要求；

（二）分阶段达到的水质目标及时限；

（三）水污染防治的重点控制区域和重点污染源、以及具体实施措施；

（四）流域城市排水与污水处理设施建设规划。

第三条　县级以上人民政府水行政主管部门在确定大、中型水库坝下最小泄流量时，应当维护下游水体的自然净化能力。并征求同级人民政府环境保护部门的意见。

第四条　向水体排放污染物的企业事业单位，必须向所在地的县级以上地方人民政府环境保护部门提交《排污申报登记表》。

企业事业单位超过国家规定的或者地方规定的污染物排放标准排放污染物的。在提交《排污申报登记表》时，还应当写明超过污染物排放标准的原因及限期治理措施。

第五条　企业事业单位需要拆除或者闲置污染物处理设施的，必须事先向所在地的县级以上地方人民政府环境保护部门申报，并写明理由。环境保护部门应当自收到申报之日起 1 个月内作出同意或者不同意的决定，并予以批复；逾期不批复的，视为同意。

第六条　对实现水污染物达标排放仍不能达到国家规定的水环境质量标准的水体。可以实施重点污染物排放总量控制制度。

国家确定的重要江河流域的总量控制计划，由国务院环境保护部门会同国务院有关部门商有关省、自治区、直辖市人民政府编制，报国务院批准。其他水体的总量控制计划，由省、自治区、直辖市人民政府环境保护部门会同同级有关部门商有关地方人民政府编制，报省、自治区、直辖市人民政府批准；其中，跨省、自治区、直辖市的水体的总量控制计划，由有关省、自治区、直辖市人民政府协商确定。

第七条 总量控制计划应当包括总量控制区域、重点污染物的种类及排放总量、需要削减的排污量及削减时限。

第八条 对依法实施重点污染物排放总量控制的水体，县级以上地方人民政府应当依据总量控制计划分配的排放总量控制指标.组织制定本行政区域内该水体的总量控制实施方案。

总量控制实施方案应当确定需要削减排污量的单位、每一排污单位重点污染物的种类及排放总量控制指标、需要削减的排污量以及削减时限要求。

第九条 分配重点污染物排放总量控制指标，应当遵循公开、公平、公正的原则、并按照科学、统一的标准执行。总量控制指标分配办法由国务院环境保护部门商国务院有关部门制定。

第十条 县级以上地方人民政府环境保护部门根据总量控制实施方案，审核本行政区域内向该水体排污的单位的重点污染物排放量，对不超过排放总量控制指标的，发给排污许可证；对超过排放总量控制指标的，限期治理。限期治理期间，发给临时排污许可证。具体办法由国务院环境保护部门制定。

第十一条 总量控制实施方案确定的削减污染物排放量的单位，必须按照国务院环境保护部门的规定设置排污口，并安装总量控制的监测设备。

第十二条 国家确定的重要江河流域所在地的省、自治区、直辖市人民政府，应当执行国务院批准的省界水体适用的水环境质量标准。

第十三条 国家确定的重要江河流域的省界水体的水环境

质量状况监测，必须按照国务院环境保护部门制定的水环境质量监测规范执行。

第十四条 城市建设管理部门应当根据城市总体规划，组织编制城市排水和污水处理专业规划．并按照规划的要求组织建设城市污水集中处理设施。

第十五条 城市污水集中处理设施出水水质，按照国家规定的或者地方规定的污染物排放标准执行。城市污水集中处理的营运单位，应当对城市污水集中处理设施的出水水质负责。环境保护部门应当对城市污水集中处理设施的出水水质和水量进行抽测检查。

第十六条 被责令限期治理的排污单位，应当向作出限期治理决定的人民政府的环境保护部门提交治理计划，并定期报告治理进度。

作出限期治理决定的人民政府的环境保护部门．应当检查被责令限期治理的排污单位的治理情况，对完成限期治理的项目进行验收。

被责令限期治理的排污单位，必须按期完成治理任务；因不可抗力不能在规定的期限内完成治理任务的，必须在不可抗力情形发生后 1 个月内，向作出限期治理决定的人民政府的环境保护部门提出延长治理期限申请，由作出限期治理决定的人民政府审查决定。

第十七条 环境保护部门和海事、渔政管理机构对管辖范围内向水体排放污染物的单位进行现场检查时，应当出示行政执法证件或者佩戴行政执法标志。

第十八条 环境保护部门和海事、渔政管理机构进行现场检查时，根据需要，可以要求被检查单位提供下列情况和资料：

（一）污染物排放情况；

（二）污染物治理设施及其运行、操作和管理情况；

（三）监测仪器、仪表、设备的型号和规格以及检定、校验情况；

（四）采用的监测分析方法和监测记录：

（五）限期治理进展情况；

（六）事故情况及有关记录；

（七）与污染有关的生产工艺、原材料使用的资料；

（八）与水污染防治有关的其他情况和资料。

第十九条 企业事业单位造成水污染事故时，必须立即采取措施，停止或者减少排污，并在事故发生后 48 小时内，向当地环境保护部门作出事故发生的时间、地点、类型和排放污染物的种类、数量、经济损失、人员受害及应急措施等情况的初步报告；事故查清后，应当向当地环境保护部门作出事故发生的原因、过程、危害、采取的措施、处理结果以及事故潜在危害或者间接危害、社会影响、遗留问题和防范措施等情况的书面报告，并附有关证明文件。

环境保护部门收到水污染事故的初步报告后，应当立即向本级人民政府和上一级人民政府环境保护部门报告，有关地方人民政府应当组织有关部门对事故发生的原因进行调查，并采取有效措施，减轻或者消除污染。县级以上人民政府环境保护部门应当组织对事故可能影响的水域进行监测，并对事故进行调查处理。

船舶造成水污染事故时，必须立即向就近的海事管理机构报告。造成渔业水体污染事故的，必须立即向事故发生地的渔政管理机构报告。海事或者渔政管理机构接到报告后，应当立即向本级人民政府的环境保护部门通报情况，并及时开展调查处理工作。

水污染事故发生或者可能发生跨行政区域危害或者损害的，事故发生地的县级以上地方人民政府应当及时向受到或者可能受到事故危害或者损害的有关地方人民政府通报事故发生的时间、地点、类型和排放污染物的种类、数量以及需要采取的防范措施等情况。

第三章　防止地表水污染

第二十条　跨省、自治区、直辖市的生活饮用水地表水源保护区，由有关省、自治区、直辖市人民政府协商划定；协商不成的，由国务院环境保护部门会同国务院水利、国土资源、卫生、建设等有关部门提出划定方案，报国务院批准。

其他生活饮用水地表水源保护区的划定，由有关市、县人民政府协商提出划定方案。报省、自治区、直辖市人民政府批准；协商不成的，由省、自治区、直辖市人民政府环境保护部门会同同级水利、国土资源、卫生、建设等有关部门提出划定方案，报省、自治区、直辖市人民政府批准。

生活饮用水地表水源保护区分为一级保护区和二级保护区。

第二十一条　生活饮用水地表水源一级保护区内的水质，适用国家《地面水环境质量标准》Ⅱ类标准；二级保护区内的水质，适用国家《地面水环境质量标准》Ⅲ类标准。

第二十二条　生活饮用水地表水源一级保护区的保护，依照水污染防治法第二十条的规定执行。

第二十三条　禁止在生活饮用水地表水源二级保护区内新建、扩建向水体排放污染物的建设项目。在生活饮用水地表水源二级保护区内改建项目，必须削减污染物排放量。

禁止在生活饮用水地表水源二级保护区内超过国家规定的

或者地方规定的污染物排放标准排放污染物。

禁止在生活饮用水地表水源二级保护区内设立装卸垃圾、油类及其他有毒有害物品的码头。

第二十四条 利用工业废水和城市污水进行灌溉的，县级以上地方人民政府农业行政主管部门应当组织对用于灌溉的水质及灌溉后的土壤、农产品进行定期监测。并采取相应措施，防止污染土壤、地下水和农产品。

第二十五条 在内河航行的船舶，应当配置符合国家规定的防污设备，并持有船舶检验部门签发的合格证书。

船舶无防污设备或者防污设备不符合国家规定的，应当限期达到规定的标准。

第二十六条 在内河航行的船舶，必须持有海事管理机构规定的防污文书或者记录文书。在内河航行的150总吨以上的油轮和400总吨以上的非油轮，必须持有油类记录本。

第二十七条 港口或者码头应当配备含油污水和垃圾的接收与处理设施。接收与处理设施由港口经营单位负责建设、管理和维护。

在内河航行的船舶不得向水体排放废油、残油和垃圾、在内河航行的客运、旅游船舶，必须建立垃圾管理制度。

第二十八条 在港口的船舷进行下列作业，必须事先向海事管理机构提出申请，经批准后，在指定的区域内进行：

（一）冲洗载运有毒货物、有粉尘的散装货物的船舶甲板和舱室；

（二）排放压舱、洗舱和机舱污水以及其他残余物质；

（三）使用化学消油剂。

第二十九条 船舶在港口或者码头装卸油类及其他有毒有害、腐蚀性、放射性货物时，船方和作业单位必须采取预防措施，防止污染水体。

第三十条　船舶发生事故，造成或者可能造成水体污染的，海事管理机构应当组织强制打捞清除或者强制拖航，由此支付的费用由肇事船方承担。

第三十一条　造船、修船、拆船、打捞船舶的单位，必须配备防污设备和器材；进行作业时，应当采取预防措施，防止油类、油性混合物和其他废弃物污染水体。

第四章　防止地下水污染

第三十二条　生活饮用水地下水源保护区，由县级以上地方人民政府环境保护部门会同同级水利、国土资源、卫生、建设等有关行政主管部门，根据饮用水水源地所处的地理位置、水文地质条件、供水量、开采方式和污染源的分布提出划定方案、报本级人民政府批准。

生活饮用水地下水源保护区的水质，适用国家《地下水质标准》II 类标准。

第三十三条　禁止在生活饮用水地下水源保护区内从事下列活动：

（一）利用污水灌溉；

（二）利用含有毒污染物的污泥作肥料；

（三）使用剧毒和高残留农药；

（四）利用储水层孔隙、裂隙、溶洞及废弃矿坑储存石油、放射性物质、有毒化学品、农药等。

第三十四条　开采多层地下水时，对下列含水层应当分层开采、不得混合开采：

（一）半咸水、咸水、卤水层；

（二）已受到污染的含水层；

（三）含有毒有害元素并超过生活饮用水卫生标准的水层；

（四）有医疗价值和特殊经济价值的地下热水、温泉水和矿泉水。

第三十五条 揭露和穿透含水层的勘探工程、必须按照有关规范要求，严格做好分层止水和封孔工作。

第三十六条 矿井、矿坑排放有毒有害废水、应当在矿床外围设置集水工程，并采取有效措施，防止污染地下水。

第三十七条 人工回灌补给地下饮用水的水质，应当符合生活饮用水水源的水质标准，并经县级以上地方人民政府卫生行政主管部门批准。

第五章 法律责任

第三十八条 依照水污染防治法第四十六条第一款第（一）项、第（二）项、第（四）项规定处以罚款的，按照下列规定执行：

（一）拒报或者谎报国务院环境保护部门规定的有关污染物排放申报登记事项的，可以处1万元以下的罚款；

（二）拒绝环境保护部门或者海事、渔政管理机构现场检查，或者弄虚作假的，可以处1万元以下的罚款；

（三）不按照国家规定缴纳排污费或者超标排污费的，除追缴排污费或者超标排污费及滞纳金外。可以处应缴数额50%以下的罚款。

第三十九条 依照水污染防治法第四十六条第一款第（三）项规定处以罚款的，按照下列规定执行：

（一）向水体排放剧毒废液，或者将含有汞、镉、砷、铬、氰化物、黄磷等可溶性剧毒废渣向水体排放、倾倒或者直接埋入地下的，可以处 10 万元以下的罚款；

（二）向水体排放、倾倒放射性固体废弃物、油类、酸液、碱液或者含有高、中放射性物质的废水的，可以处 5 万元以下的罚款；

（三）向水体排放船舶的残油、废油，或者在水体清洗装贮过油类、有毒污染物的车辆和容器的，可以处 1 万元以下的罚款；

（四）向水体排放、倾倒工业废渣、城市生活垃圾，或者在江河、湖泊、运河、渠道、水库最高水位线以下的滩地和岸坡存贮固体废弃物的，可以处 1 万元以下的罚款；

（五）向水体倾倒船舶垃圾的，可以处 2000 元以下的罚款；

（六）企业事业单位利用溶洞排放、倾倒含病原体的污水或者其他废弃物的。可以处 2 万元以下的罚款；利用渗井、渗坑、裂隙排放含有毒污染物的废水的、可以处 5 万元以下的罚款；

（七）企业事业单位使用无防止渗漏措施的沟渠、坑塘等输送或者存贮含病原体的污水或者其他废弃物的。可以处 1 万元以下的罚款；使用无防止渗漏措施的沟渠、坑塘等输送或者存贮含有毒污染物的废水的，可以处 2 万元以下的罚款。

第四十条 依照水污染防治法第四十七条规定处以罚款的，可以处 10 万元以下的罚款。

第四十一条 依照水污染防治法第四十八条规定处以罚款的，可以处 10 万元以下的罚款。

第四十二条 依照水污染防治法第五十二条第一款处以罚款的，可以处 20 万元以下的罚款。

第四十三条 依照水污染防治法第五十三条规定处以罚款的，按照下列规定执行：

（一）对造成水污染事故的企业事业单位，按照直接损失的20%计算罚款，但是最高不得超过20万元；

（二）对造成重大经济损失的，按照直接损失的30%计算罚款，但是最高不得超过100万元。

第四十四条 不按照排污许可证或者临时排污许可证的规定排放污染物的，由颁发许可证的环境保护部门责令限期改正，可以处5万元以下的罚款；情节严重的，并可以吊销排污许可证或者临时排污许可证。

第四十五条 违反本细则第十一条的规定，未按照规定设置排污口、安装总量控制监测设备的，由环境保护部门责令限期改正，可以处1万元以下的罚款。

第四十六条 违反本细则第二十三条第一款的规定，在生活饮用水地表水源二级保护区内新建、扩建向水体排放污染物的建设项目的，或者改建项目未削减污染物排放量的，由县级以上人民政府按照规定的权限责令停业或者关闭。

违反本细则第二十三条第二款的规定。在生活饮用水地表水源二级保护区内，超过国家规定的或者地方规定的污染物排放标准排放污染物的，由县级以上人民政府责令限期治理。可以处100万元以下的罚款；逾期未完成治理任务的，由县级以上人民政府按照规定的权限责责令停业或者关闭。

违反本细则第二十三条第三款的规定，在生活饮用水地表水源二级保护区内，设立装卸垃圾、油类及其他有毒有害物品码头的，由县级以上人民政府环境保护部门责令限期拆除，可以处10万元以下的罚款。

第四十七条 违反本细则第三十三条第（四）项的规定，利用储水层孔隙、裂隙、溶洞及废弃矿坑储存石油、放射性物质、有毒化学品、农药的，由县级以上地方人民政府环境保护部门责令改正，可以处 10 万元以下的罚款。

　　第四十八条　缴纳排污费、超标排污费或者被处以警告、罚款的单位，不免除其消除污染、排除危害和赔偿损失的责任。

第六章　附　则

　　第四十九条　本细则自发布之日起施行。1989 年 7 月 12 日国务院批准、国家环境保护局发布的《中华人民共和国水污染防治法实施细则》同时废止。